# LEADERSHIP E GESTIONE DELLE RISORSE UMANE

(3 Libri in 1) Scopri come diventare un grande Leader grazie alle migliori Strategie e Strumenti per Selezionare, Motivare e Gestire il Team con Successo. (+2 Bonus)

*Daniel Crespi*

autorizzato prima di provare qualsiasi tecnica descritta in questo libro.

Leggendo questo documento, il lettore accetta che in nessuna circostanza l'autore sarà responsabile per eventuali perdite, dirette o indirette, subite a seguito dell'uso delle informazioni contenute in questo documento, inclusi, ma non limitati a: — errori, omissioni o imprecisioni.

# Indice

# Introduzione

In un mondo in continua evoluzione, la capacità di guidare e gestire le risorse umane in modo efficace è una competenza essenziale per il successo di qualsiasi organizzazione. Indipendentemente dal settore in cui operi o dal ruolo che ricopri, essere un buon leader e un efficace gestore delle risorse umane può fare la differenza tra il semplice raggiungimento degli obiettivi e la creazione di un ambiente di lavoro prospero e dinamico.

Questo libro è stato concepito per fornirti strumenti pratici e conoscenze approfondite che ti aiuteranno a sviluppare le tue capacità di leadership e a gestire al meglio le risorse umane.

Ecco alcuni dei motivi per cui questo libro potrebbe esserti particolarmente utile:

**Approccio Completo:** Copriamo ogni aspetto della leadership e della gestione delle risorse umane, dalla selezione del personale alla definizione degli obiettivi, fino alla gestione delle performance e al miglioramento continuo.

**Strumenti Pratici:** Troverai tecniche collaudate, consigli pratici e esempi concreti che ti aiuteranno ad affrontare le sfide quotidiane e a ottenere risultati tangibili.

**Sviluppo Personale e Professionale:** Oltre a migliorare le tue competenze di leadership, questo libro ti guiderà nella crescita personale, aiutandoti a diventare un leader rispettato e ispiratore.

**Flessibilità e Adattabilità:** Imparerai a gestire il cambiamento e a promuovere una cultura aziendale positiva e innovativa, fondamentale in un ambiente di lavoro in continua evoluzione.

**Casi di Studio di successo e Esercizi:** Le sezioni pratiche, gli esercizi e i casi di studio ti permetteranno di applicare quanto appreso in situazioni reali, migliorando così la tua efficacia operativa.

In sintesi, questo libro è una guida completa e pratica per chiunque desideri migliorare le proprie competenze di leadership e gestione delle risorse umane.

Che tu sia un manager esperto o un neofita in cerca di consigli, troverai nelle pagine di questo manuale le risposte alle tue domande e gli strumenti per diventare un leader efficace, di successo e rispettato.

# Capitolo 1: Cos'è la Leadership

Iniziamo la nostra esplorazione sul mondo della leadership, si tratta di un viaggio che non solo definisce cosa significa essere un leader, ma distingue chiaramente il leader dal manager.

In questo primo capitolo, intitolato "Cos'è la Leadership", esploreremo i fondamenti che distinguono un leader da un semplice manager e scopriremo l'importanza cruciale della leadership nelle organizzazioni odierne e moderne.

Immagina di avere il potere di trasformare piani finanziari complessi in realtà di successo, questo è il tipo di potere che una leadership forte e strategica può conferire. Mentre ci addentreremo in nel vivo di questo libro, capirai come la visione e la guida di un vero leader possono fare la differenza tra il semplice amministrare e il creare un futuro prospero e sostenibile per la tua/vostra organizzazione.

Preparati dunque a scoprire non solo le definizioni e le distinzioni, ma anche a immergerti in un approccio pratico e dinamico alla leadership che ti renderà non solo più consapevole, ma anche più efficace. Sei pronti a trasformare la teoria in pratica, con saggezza, carisma e una visione audace? Allora, iniziamo subito questo percorso insieme, sapendo che ogni grande strategia inizia con una leadership ispirata e determinata.

La leadership è un concetto complesso e multidimensionale che riguarda la capacità di influenzare e guidare gli altri verso il raggiungimento di obiettivi comuni, non si tratta solo di possedere autorità formale, ma di guadagnare fiducia e rispetto attraverso azioni, comunicazione e comportamenti coerenti.

Secondo John C. Maxwell, "La leadership è influenza – nient'altro e niente di meno". Questa definizione sottolinea che il cuore della leadership è la capacità di influenzare gli altri, indipendentemente dalla posizione o dal titolo. Un leader efficace è in grado di ispirare, motivare e mobilitare un gruppo di persone verso una visione condivisa.

Un'altra definizione significativa viene da Peter Drucker, uno dei più influenti esperti di management del XX secolo, che afferma: "La leadership è alzarsi e andare oltre, non solo fare le cose correttamente ma fare la cosa giusta". Questo concetto evidenzia che la leadership implica la capacità di prendere decisioni etiche e di lungo termine che guidano l'organizzazione verso il successo sostenibile.

## Qual è la differenza tra un Leader e un Manager

Sebbene i termini "leader" e "manager" siano spesso usati in modo intercambiabile, rappresentano ruoli e competenze diverse, dunque, capire questa distinzione è cruciale per sviluppare sia capacità di gestione che di leadership.

### Manager

- **Gestione delle risorse:** I manager sono responsabili della pianificazione, organizzazione e supervisione delle attività quotidiane. Si concentrano sulla gestione efficiente delle risorse, inclusi tempo, budget e personale.

- **Amministrazione e controllo:** Un manager amministra processi, implementa procedure e assicura che i compiti siano svolti correttamente e puntualmente.
- **Efficienza operativa:** Il focus principale di un manager è l'efficienza operativa, garantendo che le risorse siano utilizzate in modo ottimale per raggiungere obiettivi specifici.

## Leader

- **Influenza e ispirazione:** Un leader si concentra sull'influenzare e ispirare le persone. Motiva il team, promuove la creatività e l'innovazione, e facilita il raggiungimento di obiettivi ambiziosi.
- **Visione e direzione:** I leader stabiliscono una visione chiara e comunicano la direzione strategica. Guidano il cambiamento e orientano gli sforzi verso il futuro.
- **Efficacia strategica:** Il focus principale di un leader è l'efficacia strategica, facendo le cose giuste per raggiungere gli obiettivi a lungo termine.

Un esempio pratico può aiutare a chiarire questa distinzione… Immagina un progetto di costruzione di un nuovo ufficio:

Un manager si assicurerà che i materiali siano ordinati, i lavoratori assegnati, i tempi rispettati e il budget mantenuto. Si concentra sulla gestione quotidiana delle operazioni.

Un leader, invece, si preoccupa di come l'ufficio influenzerà la cultura aziendale, di come l'ambiente di lavoro migliorerà la collaborazione e l'innovazione, e di come questo progetto si allinea con la visione a lungo termine dell'azienda.

## L'Importanza della Leadership nelle Organizzazioni Moderne

Le organizzazioni moderne operano in un contesto caratterizzato da rapidi cambiamenti, complessità crescente e una concorrenza globale. In questo scenario, la leadership efficace è più cruciale che mai per diverse ragioni.

**Adattabilità al Cambiamento:** Le organizzazioni devono essere agili per sopravvivere e prosperare, infatti i leader giocano un ruolo chiave nel guidare e gestire il cambiamento, promuovendo una cultura di adattabilità e innovazione. Un bravo leader sa come preparare e sostenere il proprio team durante le transizioni, riducendo la resistenza al cambiamento e incoraggiando una mentalità flessibile.

**Motivazione e Coinvolgimento:** La capacità di un leader di motivare e coinvolgere il team è essenziale per mantenere alti livelli di produttività e soddisfazione. Un leader che sa ispirare il proprio team può creare un ambiente di lavoro positivo, dove le persone sono più inclini a dare il meglio di sé, questo non solo migliora le performance, ma contribuisce anche alla fidelizzazione dei talenti.

**Visione Strategica:** I leader sono responsabili di definire e comunicare una visione strategica chiara. Questa visione fornisce una direzione e uno scopo condiviso, allineando gli sforzi individuali e di gruppo verso obiettivi comuni e a lungo termine. Una visione chiara e ispiratrice può galvanizzare il team e creare un senso di missione che supera le sfide quotidiane.

**Crescita e Sviluppo:** I leader investono nello sviluppo personale e professionale del loro team, proprio per questo promuovono opportunità di formazione e crescita, creando un ambiente di apprendimento continuo che può portare a innovazioni e miglioramenti. Sostenere lo sviluppo dei collaboratori non solo migliora le loro competenze, ma aumenta anche la loro lealtà e impegno verso l'organizzazione.

**Costruzione della Cultura Aziendale:** La leadership ha un impatto significativo sulla cultura aziendale e i leader stabiliscono i valori, le norme e le aspettative che definiscono come le cose vengono fatte all'interno dell'organizzazione. Una cultura forte e positiva può attrarre e trattenere talenti, migliorare la collaborazione e aumentare la performance complessiva. La cultura aziendale influenzata dalla leadership determina il clima emotivo dell'organizzazione e può creare un ambiente di lavoro che favorisce la creatività, l'innovazione e l'eccellenza.

**Gestione della Crisi:** In tempi di crisi, la leadership diventa ancora più critica, infatti i leader devono essere in grado di prendere decisioni rapide e informate, comunicare chiaramente e mantenere la calma sotto pressione.

Proprio per questo, la loro capacità di guidare in situazioni difficili può determinare il successo o il fallimento dell'organizzazione, dunque un leader abile sa come mantenere il morale alto, fornire una direzione chiara e instillare fiducia durante le avversità.

# Parte 1: Selezione del Personale

# Capitolo 2: La Pianificazione del Reclutamento

Nel secondo capitolo di questo manuale vedremo come identificare con precisione le esigenze aziendali e definire il profilo ideale per ogni ruolo.

La capacità di costruire un team di talento è il fulcro di ogni strategia di successo, infatti come leader, è fondamentale saper vedere oltre le competenze tecniche e comprendere le qualità che renderanno un candidato non solo adatto, ma eccezionale per la tua/vostra organizzazione.

Mentre ci addentreremo nel vivo di questo manuale, scoprirai come un reclutamento strategico può fare la differenza tra una pianificazione mediocre e una straordinaria.

Preparati quindi carta e penna per prendere appunti e ad applicare queste conoscenze con la determinazione e il carisma che ti contraddistinguono.

**Ricorda che ogni grande piano finanziario inizia con le persone giuste;** scopriamo insieme come trovarle e attrarle.

Solitamente si dice che da soli si va veloci, mentre insieme, con l'aiuto di altre persone, si va lontani, proprio per questo è fondamentale saper selezionare le persone giuste con le quali lavorare.

La selezione del personale è una delle attività più critiche per il successo a lungo termine di qualsiasi organizzazione.

Un processo di reclutamento ben pianificato e strutturato può garantire che l'azienda attragga, selezioni e assuma i candidati migliori per le proprie esigenze.

Qui ci focalizzeremo sulle fasi chiave della pianificazione del reclutamento, dall'identificazione delle esigenze aziendali alla definizione del profilo ideale.

La prima fase della pianificazione del reclutamento consiste nell'identificare con precisione le principali esigenze aziendali, questo passaggio è fondamentale per garantire che il processo di selezione sia mirato e produttivo.

**1. Analisi della Situazione Attuale:**

Per identificare le esigenze aziendali, è necessario iniziare con un'analisi dettagliata della situazione attuale dell'organizzazione. Questo include la revisione della struttura organizzativa, la valutazione delle competenze esistenti all'interno del team e l'identificazione di eventuali lacune o aree che necessitano di rafforzamento. **Un'analisi SWOT** (punti di forza, debolezze, opportunità e minacce) può essere utile per ottenere una visione chiara delle necessità aziendali.

L'analisi SWOT aiuta a comprendere i punti di forza interni dell'organizzazione, come le competenze chiave e le risorse disponibili, così come le debolezze, come le aree in cui mancano competenze critiche. Identificare le opportunità esterne, come le tendenze del mercato e le innovazioni tecnologiche, e le minacce, come la concorrenza e le sfide economiche, permette di pianificare in modo strategico il reclutamento.

## 2. Consultazione con i Responsabili di Settore:

Coinvolgere i responsabili di settore e i manager di linea nel processo di identificazione delle esigenze è cruciale, infatti questi individui hanno una conoscenza approfondita delle operazioni quotidiane e possono fornire preziosi insight sulle competenze e le esperienze necessarie per il successo del team.

Ad esempio, le riunioni e i workshop collaborativi possono essere strumenti efficaci per raccogliere queste informazioni.

Un dialogo aperto e continuo con i responsabili di settore assicura che le esigenze del business siano comprese a tutti i livelli dell'organizzazione. Questi scambi permettono di definire chiaramente le competenze richieste e di allineare gli obiettivi di reclutamento con le strategie operative e di crescita dell'azienda.

## 3. Previsioni e Pianificazione Strategica:

Oltre a considerare le necessità immediate, è importante pensare a lungo termine. Le previsioni di crescita aziendale, le strategie di espansione e i cambiamenti tecnologici possono influenzare le esigenze future di personale. La pianificazione strategica deve includere un'analisi delle tendenze del settore e delle opportunità di mercato per anticipare le competenze e le posizioni che potrebbero diventare critiche in futuro.

Ad esempio, se un'azienda prevede di espandersi in nuovi mercati internazionali, dovrà considerare la necessità di competenze linguistiche, esperienza internazionale e conoscenza delle dinamiche dei mercati locali. La pianificazione strategica deve essere flessibile e adattarsi ai cambiamenti del mercato, garantendo che l'organizzazione sia sempre pronta ad affrontare le sfide future.

## 4. Definizione degli Obiettivi di Reclutamento:

Una volta raccolte le informazioni necessarie, è possibile definire gli obiettivi di reclutamento ed essi devono essere chiari, specifici e allineati con la strategia aziendale complessiva. Ad esempio, se l'obiettivo dell'azienda è espandere il mercato internazionale, potrebbe essere necessario reclutare personale con competenze linguistiche specifiche e esperienza internazionale.

Gli obiettivi di reclutamento devono essere misurabili e realistici. Definire indicatori chiave di performance **(KPI)** per il processo di reclutamento, come il tempo medio di assunzione, il tasso di accettazione delle offerte di lavoro e il tasso di ritenzione dei nuovi assunti, aiuta a monitorare e migliorare continuamente il processo di selezione.

## Definizione del Profilo Ideale

Dopo aver identificato le esigenze aziendali, il passo successivo nella pianificazione del reclutamento è la definizione del profilo ideale del candidato, questo profilo fungerà da guida per tutto il processo di selezione, assicurando che l'azienda attragga e selezioni i candidati più adatti.

La definizione del profilo ideale inizia con l'identificazione delle competenze tecniche e delle esperienze necessarie per la posizione. Questo include non solo le qualifiche educative e professionali, ma anche le competenze specifiche del settore, l'esperienza lavorativa pertinente e le certificazioni richieste. È utile creare una lista di competenze essenziali e competenze desiderabili per fornire una chiara distinzione tra i requisiti minimi e le qualità preferite.

Per esempio, per una posizione di sviluppatore software, le competenze essenziali potrebbero includere la conoscenza di linguaggi di programmazione specifici come Java o Python, mentre le competenze desiderabili potrebbero includere l'esperienza con metodologie Agile e la conoscenza di framework come Spring o Django.

Oltre alle competenze tecniche, le soft skills e le attitudini personali sono cruciali per il successo nel ruolo. Queste possono includere abilità comunicative, capacità di lavorare in team, leadership, problem-solving e adattabilità. Occorre quindi identificare le soft skills che si allineano con la cultura aziendale e con le esigenze del team può fare la differenza nella scelta del candidato giusto.

Per esempio, in un ambiente di lavoro dinamico e innovativo, potrebbe essere importante che il candidato sia flessibile, proattivo e in grado di lavorare sotto pressione. In un ruolo di servizio clienti, invece, potrebbero essere essenziali l'empatia, la pazienza e le eccellenti capacità di comunicazione.

Nella terza fase assicurarsi che il candidato sia in linea con i valori e la cultura aziendale è fondamentale per un'integrazione di successo. Un candidato che condivide i valori dell'azienda è più probabile che si senta motivato, impegnato e soddisfatto del proprio lavoro. Proprio per questo la cultura aziendale può includere aspetti come l'etica del lavoro, l'approccio al servizio clienti, l'innovazione e la responsabilità sociale.

Ad esempio, un'azienda che valorizza l'innovazione e l'imprenditorialità dovrebbe cercare candidati che dimostrino un atteggiamento proattivo, curiosità intellettuale e la capacità di pensare fuori dagli schemi. Un'organizzazione che pone l'accento sulla responsabilità sociale potrebbe preferire candidati che abbiano esperienza in attività di volontariato o che mostrino un forte impegno verso cause sociali.

Ogni posizione ha delle caratteristiche uniche che devono essere considerate nella definizione del profilo ideale. Ad esempio, una posizione di vendita richiederà una forte capacità di negoziazione e un orientamento ai risultati, mentre un ruolo nel reparto ricerca e sviluppo potrebbe richiedere un approccio analitico e un'attenzione ai dettagli. Descrivere chiaramente queste caratteristiche aiuterà a identificare i candidati con le giuste attitudini e competenze.

Per una posizione di project manager, potrebbero essere essenziali capacità di gestione del tempo, organizzazione e capacità di leadership. Per un ruolo di marketing, la creatività, l'analisi dei dati e la capacità di adattarsi rapidamente alle tendenze del mercato potrebbero essere qualità indispensabili.

Infine, è importante determinare quali strumenti e metodi di valutazione saranno utilizzati per misurare le competenze e le attitudini dei candidati. Questi possono includere test di competenze, interviste strutturate, prove pratiche e assessment center. Utilizzare una combinazione di metodi di valutazione può fornire una visione più completa delle capacità del candidato e aumentare l'accuratezza del processo di selezione.

Le interviste comportamentali, ad esempio, possono aiutare a valutare come i candidati hanno gestito situazioni simili in passato, fornendo indicazioni su come potrebbero affrontare le sfide future. I test di competenze tecniche possono verificare la padronanza delle conoscenze specifiche necessarie per il ruolo.

Gli assessment center, che combinano una serie di test e simulazioni, possono offrire una valutazione approfondita delle competenze e delle attitudini dei candidati.

# Capitolo 3: Metodi di Selezione del Personale

Adesso andremo a studiare nello specifico quali sono le strategie avanzate per identificare e selezionare i migliori talenti attraverso annunci di lavoro mirati, canali di recruiting efficaci, tecniche di screening sofisticate e colloqui di selezione incisivi.

Come esperto in leadership e gestione delle risorse umane, saprai bene che la selezione del personale è un'arte che richiede precisione e intuizione, è proprio qui che le tue capacità di leader brillano davvero. Imparerai a creare annunci che attraggono i candidati giusti, a utilizzare i canali di recruiting più efficaci, e a condurre colloqui che rivelano non solo le competenze tecniche, ma anche quelle soft skills indispensabili per il successo dell'organizzazione.

Sei pronto/a a perfezionare le tue tecniche e a scoprire le domande che svelano il vero potenziale dei candidati? Allora, tuffiamoci in questo capitolo con l'energia e la sicurezza che solo i veri leader possiedono.

Ricorda che la tua abilità nel selezionare il personale definirà il futuro della vostra azienda.

La selezione del personale è un processo cruciale che influisce direttamente sulla qualità del capitale umano di un'organizzazione, l'efficacia del reclutamento e della selezione può determinare il successo dell'azienda, influenzando non solo la produttività e la performance, ma anche la cultura e il clima lavorativo.

## Annunci di Lavoro e Canali di Recruiting

### Annunci di Lavoro

Gli annunci di lavoro sono la porta d'ingresso per i potenziali candidati. Un annuncio ben scritto deve andare oltre la semplice descrizione delle responsabilità e delle qualifiche richieste, andiamo a vedere come creare annunci che catturino l'interesse dei candidati giusti:

**Titolo della Posizione:** Deve essere preciso e accattivante. Un titolo chiaro e specifico aiuta i candidati a capire immediatamente il ruolo e la sua rilevanza. Ad esempio, "Responsabile Marketing Digitale" è più specifico di "Marketing Manager".

**Descrizione del Ruolo:** Descrivere in dettaglio le responsabilità principali e le aspettative. Evitare elenchi eccessivamente lunghi e generali; piuttosto, concentrarsi su ciò che il ruolo comporta quotidianamente e sugli obiettivi principali. Includere informazioni su progetti specifici può rendere il ruolo più tangibile.

**Competenze e Qualifiche:** Bisogna suddividere le competenze in "essenziali" e "desiderabili". Le competenze essenziali sono quelle senza le quali il candidato non può svolgere il lavoro, mentre le competenze desiderabili arricchiscono il profilo ma non sono strettamente necessarie. Ad esempio, per un ruolo di analista dati, le competenze essenziali potrebbero includere la conoscenza di SQL e Excel, mentre le competenze desiderabili potrebbero comprendere la familiarità con strumenti di data visualization come Tableau.

Altra cosa importante: comunicare chiaramente la cultura aziendale e i valori aiuta a garantire che i candidati si allineino con la visione e la missione dell'organizzazione. Ad esempio, se l'azienda promuove un ambiente di lavoro inclusivo e collaborativo, è utile menzionarlo per attrarre candidati che valorizzano questi aspetti.

Bisogna includere dettagli sui benefici offerti, come piani di previdenza sanitaria, opportunità di formazione, orari flessibili e politiche di lavoro remoto. La trasparenza sui benefici e le opportunità di crescita professionale può rendere l'annuncio più attraente e aiutare a trattenere i candidati.

### Canali di Recruiting

Passando invece ai canali di recruiting, è fondamentale raggiungere un ampio spettro di candidati e trovare il giusto fit per la posizione. I principali canali includono:

**Siti di Annunci di Lavoro:** Portali come LinkedIn, Indeed, Glassdoor e Monster offrono accesso a una vasta base di candidati. È utile ottimizzare gli annunci con parole chiave pertinenti per migliorare la visibilità nei motori di ricerca e attrarre candidati con le competenze giuste.

**Social Media:** Le piattaforme social come LinkedIn, Facebook e Twitter non solo sono utili per pubblicare annunci, ma anche per costruire una presenza del datore di lavoro e interagire direttamente con i candidati. Le campagne sponsorizzate sui social media possono aiutare a targetizzare specifiche competenze o esperienze professionali.

**Agenzie di Recruiting:** Le agenzie possono accelerare il processo di selezione e fornire accesso a candidati altamente qualificati. È importante scegliere un'agenzia che comprenda bene le esigenze dell'azienda e abbia una buona reputazione nel settore.

**Networking e Referral:** I programmi di referral dei dipendenti possono essere una fonte eccellente di candidati. I dipendenti esistenti spesso conoscono professionisti qualificati nel loro network. Inoltre, partecipare a eventi di networking e conferenze può aiutare a costruire relazioni con potenziali candidati e creare una pipeline di talenti.

**Career Fairs e Università:** Le fiere del lavoro e le collaborazioni con università sono ideali per attrarre neolaureati e giovani talenti. Questi eventi offrono opportunità per interagire direttamente con i candidati e valutare le loro potenzialità.

<h2 style="text-align:center">Screening dei Candidati</h2>

In una prima fase di screening dei candidati, la revisione dei CV e delle lettere di presentazione è il primo passo per filtrare i candidati. Durante questa fase, è cruciale:

Assicurarsi che il CV evidenzi chiaramente le competenze, le qualifiche e le esperienze richieste. Cercare indizi di una buona adattabilità alle esigenze del ruolo.

Un CV ben organizzato e privo di errori grammaticali indica attenzione ai dettagli. La lettera di presentazione dovrebbe dimostrare la motivazione del candidato e il suo interesse specifico per l'azienda e la posizione.

Prestare attenzione ai risultati concreti e misurabili ottenuti dai candidati nei loro ruoli precedenti. Ad esempio, un candidato per una posizione di vendita potrebbe includere dati sul raggiungimento o superamento degli obiettivi di vendita.

<h2 style="text-align:center">Screening Telefonico</h2>

Invece lo screening telefonico è una fase preliminare importante per valutare i candidati prima di investire tempo in colloqui più approfonditi. Durante il colloquio telefonico:

**Verificare la Congruenza del CV:** Confermare le informazioni fornite nel CV e chiarire eventuali punti ambigui.

**Valutare la Comunicazione:** Osservare come il candidato si esprime verbalmente, la chiarezza e l'efficacia della comunicazione.

**Discussione delle Aspettative:** Chiarire le aspettative del candidato riguardo alla retribuzione, agli orari di lavoro e ad altri aspetti chiave del ruolo. Questo aiuta a evitare malintesi e a garantire che il candidato sia motivato e realistico riguardo alla posizione.

## Colloqui di Selezione: Tecniche e Domande Efficaci

Ogni tipologia di colloquio ha i suoi punti di forza e può essere utilizzata per ottenere informazioni specifiche sui candidati.

Durante i colloqui si formulano domande standardizzate e offrono una base comparativa per valutare tutti i candidati in modo uniforme.

**I Colloqui Semistrutturati** consentono una maggiore flessibilità rispetto ai colloqui strutturati, permettendo ai recruiter di approfondire risposte specifiche e esplorare argomenti rilevanti. Questo formato aiuta a scoprire dettagli più ricchi sul candidato.

**I Colloqui Non Strutturati** offrono un formato più informale e conversazionale, ma possono essere meno consistenti e più soggettivi. Possono essere utili per esplorare la personalità del candidato e la sua compatibilità culturale.

**I Colloqui Comportamentali:** Si basano sull'idea che le azioni passate sono i migliori indicatori di comportamenti futuri. Utilizzare domande che richiedono esempi concreti di come il candidato ha gestito situazioni specifiche nel passato può fornire indicazioni preziose sulle sue competenze e attitudini.

**I Colloqui Tecnici:** Permettono di valutare le competenze specifiche richieste per il ruolo attraverso test pratici o discussioni tecniche. Sono essenziali per ruoli che richiedono competenze altamente specializzate.

Le domande del colloquio devono essere progettate per estrarre informazioni rilevanti sulle capacità e l'idoneità del candidato. Alcuni esempi includono:

- **Domande Comportamentali:** "Raccontami di una volta in cui hai dovuto affrontare una scadenza ravvicinata. Come hai gestito la situazione?" Queste domande aiutano a comprendere le capacità di gestione del tempo e il problem-solving del candidato.
- **Domande Situazionali:** "Come affronteresti un conflitto tra membri del team che influisce sul progetto?" Queste domande aiutano a valutare le competenze interpersonali e la capacità di gestire situazioni difficili.
- **Domande Tecniche:** "Puoi spiegare come hai utilizzato [strumento/software] per risolvere un problema complesso?" Queste domande valutano la competenza tecnica e la capacità di applicare le conoscenze in contesti reali.

- **Domande Motivazionali:** "Quali sono le tue aspettative di carriera e come pensi che questa posizione ti aiuti a raggiungerle?" Queste domande chiariscono le motivazioni del candidato e il suo allineamento con gli obiettivi dell'azienda.

- **Domande di Adattabilità:** "Descrivi un momento in cui hai dovuto adattarti rapidamente a un cambiamento inaspettato. Come hai gestito la situazione?" Queste domande valutano la flessibilità e la resilienza del candidato.

## Valutazione delle Competenze e delle Soft Skills

### 1. Valutazione delle Competenze Tecniche:

Per assicurarsi che i candidati abbiano le competenze tecniche necessarie, le aziende possono utilizzare:

**Test di Competenze:** Questi test possono essere sia scritti che pratici e misurano la capacità del candidato di applicare competenze specifiche. Ad esempio, un test di programmazione per un ruolo di sviluppatore software.

**Prove di Codifica o Sviluppo:** Per i ruoli tecnici, le prove pratiche sono particolarmente efficaci. Questi test permettono di valutare la capacità del candidato di risolvere problemi reali e di lavorare con tecnologie pertinenti.

**Project Work:** Assegnare un progetto specifico può fornire un'idea concreta delle capacità del candidato. Ad esempio, chiedere di sviluppare una strategia di marketing per un prodotto fittizio.

## 2. Valutazione delle Soft Skills:

Le soft skills sono essenziali per il successo in molti ruoli e possono essere valutate attraverso:

**Assessment Center:** Questi centri offrono simulazioni di situazioni lavorative reali, come esercitazioni di gruppo e presentazioni, per osservare le competenze interpersonali, la capacità di leadership e il problem-solving.

**Interviste Comportamentali:** Queste interviste esplorano le esperienze passate del candidato e le sue competenze soft come la comunicazione, il lavoro di squadra e la gestione del conflitto.

**Feedback 360 Gradi:** Raccogliere feedback da colleghi, superiori e subordinati del candidato può fornire una visione completa delle sue soft skills, inclusa la capacità di collaborare e influenzare gli altri.

# Capitolo 4: Integrazione dei Nuovi Assunti

Adesso ci addentreremo nell'arte di trasformare l'ingresso in azienda in un trampolino di lancio per il successo attraverso programmi di onboarding ben strutturati e l'importanza fondamentale del mentoring e del coaching iniziale.

Nell'ambito di "Leadership e Gestione delle Risorse Umane," capirete come un'integrazione efficace non solo accelera l'adattamento dei nuovi assunti, ma costruisce anche fondamenta solide per una collaborazione a lungo termine. Vedrete come ogni dettaglio, dal primo giorno al primo progetto, può fare la differenza tra un impatto immediato e una crescita continua.

Preparatevi a scoprire come accogliere i nuovi membri del team con la stessa passione e visione con cui avete costruito il vostro successo. È il momento di dimostrare che la leadership non finisce con la selezione, ma continua con l'integrazione. Avanti, verso una cultura aziendale che ispira e motiva sin dal primo giorno!

L'integrazione efficace dei nuovi assunti è fondamentale per assicurare una transizione fluida e produttiva nel nuovo ambiente di lavoro. Un buon processo di onboarding, unito a un adeguato supporto tramite mentoring e coaching, non solo accelera l'adattamento dei nuovi dipendenti, ma influisce positivamente sul loro impegno, soddisfazione e performance. Questo capitolo esplora i principali aspetti dell'integrazione dei nuovi assunti, con un focus sui programmi di onboarding e sull'importanza del mentoring e del coaching iniziale.

## Programmi di Onboarding

L'onboarding è il processo attraverso il quale un nuovo dipendente viene introdotto e integrato nella cultura, nei valori e nelle pratiche dell'organizzazione. L'obiettivo principale è quello di fornire ai nuovi assunti le informazioni e il supporto necessari per diventare produttivi e soddisfatti nel loro ruolo il più rapidamente possibile. Un programma di onboarding efficace dovrebbe perseguire alcuni obiettivi tra cui: **l'introduzione alla**

**Cultura Aziendale,** aiutando i nuovi dipendenti a comprendere e adattarsi alla cultura e ai valori aziendali, facilitando una connessione immediata con l'organizzazione.

Fornendo una panoramica delle politiche aziendali, dei processi e delle procedure, in modo che i nuovi assunti sappiano come operare in conformità con le aspettative aziendali.

Definendo chiaramente le responsabilità e le aspettative del ruolo, e offrire formazione specifica per le competenze necessarie.

Favorendo l'interazione con i colleghi e con i membri del team e aiutando i nuovi assunti a costruire relazioni e a sentirsi parte del gruppo.

**Struttura e Contenuti del Programma di Onboarding:**

Prima dell'arrivo del nuovo dipendente, occorre inviare un pacchetto di benvenuto che include documentazione sull'azienda, una guida per il primo giorno, e informazioni logistiche come l'orario di lavoro e le istruzioni per il primo giorno. Questo aiuta a ridurre l'ansia e a preparare il nuovo arrivato.

Il primo giorno dovrebbe includere un tour dell'ufficio, una sessione di introduzione con il team e una panoramica dei benefici e delle risorse aziendali. Nei primi giorni, è utile pianificare incontri regolari con il manager e i membri del team per rispondere a domande e garantire che il nuovo dipendente abbia tutto ciò di cui ha bisogno.

Sarebbe opportuno offrire sessioni di formazione su strumenti, tecnologie e processi aziendali. Questa formazione dovrebbe essere strutturata per fornire sia un'istruzione teorica che pratica, con l'opportunità di applicare le nuove competenze attraverso esercizi e progetti.

Occorrerà infine pianificare sessioni di feedback regolari per monitorare il progresso e affrontare eventuali difficoltà. Le valutazioni formali del primo mese e del terzo mese possono fornire un'opportunità per rivedere le performance e fare aggiustamenti necessari.

**Best Practices per l'Onboarding:**

Servirà adattare il programma di onboarding alle specifiche esigenze del ruolo e del dipendente, perché ogni nuovo assunto potrebbe avere diverse esperienze pregresse e necessità di apprendimento.

Sarà importante anche coinvolgere i leader dell'organizzazione nelle sessioni di onboarding per sottolineare l'importanza del ruolo e per comunicare direttamente gli obiettivi e le aspettative.

Implementare strumenti digitali come piattaforme di onboarding online e video di formazione per facilitare l'apprendimento e l'integrazione. Le tecnologie possono anche essere utili per la comunicazione continua e il monitoraggio dei progressi.

Creare un ambiente accogliente e di supporto che incoraggi il nuovo dipendente a fare domande e a cercare aiuto quando necessario.

## L'importanza del Mentoring e del Coaching Iniziale

### 1. Differenze tra Mentoring e Coaching:

**Mentoring:** Il mentoring è un rapporto a lungo termine che si basa sull'esperienza e la guida di un mentore esperto. Il mentore offre consigli, supporto e condividi la propria esperienza per aiutare il mentee a svilupparsi professionalmente e personalmente.

**Coaching:** Il coaching è generalmente un processo più focalizzato e di breve durata, orientato a specifici obiettivi o competenze. Un coach lavora con il coachee per identificare aree di miglioramento e sviluppare strategie per raggiungere obiettivi professionali specifici.

Il mentoring e il coaching sono fondamentali e possono accelerare il processo di integrazione, fornendo ai nuovi assunti una guida esperta e un supporto pratico per affrontare le sfide iniziali.

Entrambi i processi offrono opportunità per sviluppare competenze chiave e affrontare aree di miglioramento. Il mentoring può concentrarsi su aspetti più ampi della carriera, mentre il coaching può essere utilizzato per migliorare competenze specifiche.

Avere un mentore o un coach può fornire una rete di supporto morale e motivazionale, aumentando l'impegno e la soddisfazione del nuovo dipendente, Il mentore o il coach può offrire anche un feedback costruttivo e suggerimenti per migliorare le performance e navigare le dinamiche aziendali.

## 3. Implementazione di Programmi di Mentoring e Coaching:

Servirà ovviamente scegliere persone con esperienza e competenze appropriate per ricoprire il ruolo di mentore o coach.

I mentori dovrebbero essere scelti per la loro esperienza e capacità di guidare, mentre i coach dovrebbero avere competenze specifiche nel supporto allo sviluppo delle competenze.

Fin dall'inizio bisogna stabilire degli obiettivi chiari e misurabili per il mentoring e il coaching, i quali dovrebbero essere allineati con le aspettative dell'azienda e le aspirazioni del nuovo dipendente.

Sarà fondamentale anche organizzare incontri regolari tra mentore/coach e questi dovrebbero essere ben strutturati e orientati verso la discussione di progressi, sfide e obiettivi futuri.

Monitorare l'efficacia del programma di mentoring e coaching attraverso feedback regolari da parte dei partecipanti. Valutare se gli obiettivi vengono raggiunti e se il supporto fornito è adeguato.

**4. Best Practices per il Mentoring e il Coaching:**

Promuovere una comunicazione aperta e onesta tra il mentore/coach e il nuovo dipendente aiuta a costruire fiducia e a garantire che le esigenze e le preoccupazioni vengano affrontate.

Bisogna anche adattare il supporto fornito in base alle esigenze specifiche del nuovo dipendente, perché ogni individuo può avere requisiti e sfide diverse.

Ricordatevi sempre di tenere traccia dei progressi e delle aree di sviluppo attraverso registrazioni e report aiuta a monitorare l'evoluzione del dipendente e a fare aggiustamenti necessari.

Infine cercate di favorire una cultura di mentoring all'interno dell'azienda, incoraggiando la condivisione delle conoscenze e delle esperienze tra i dipendenti può migliorare la coesione del team e stimolare un ambiente di apprendimento continuo.

# Parte 2: Definizione degli Obiettivi

# Capitolo 5: Definizione degli Obiettivi a Breve Termine

Adesso esploreremo le caratteristiche degli **obiettivi SMART** e l'importanza cruciale del coinvolgimento del team nella loro definizione.

Nel contesto di "Leadership e Gestione delle Risorse Umane," capirete come obiettivi chiari e ben strutturati possano trasformare le ambizioni in risultati concreti. Scoprirete che un leader esperto non solo stabilisce mete intelligenti e misurabili, ma sa anche ispirare il proprio team a sentirsi parte integrante di questo processo.

Prepariamoci a definire obiettivi a breve termine che siano **Specifici, Misurabili, Achievable (Raggiungibili), Rilevanti e Temporali**. È il momento di mostrare come una leadership coinvolgente può galvanizzare il team e guidare l'organizzazione verso successi immediati.

**Caratteristiche degli Obiettivi SMART**

Il framework SMART è un metodo consolidato per stabilire obiettivi efficaci e gestibili, dunque analizziamo come ciascuna delle cinque caratteristiche contribuisce alla chiarezza e all'efficacia degli obiettivi a breve termine.

**Un obiettivo specifico** deve essere ben definito e dettagliato, bisogna evitare obiettivi vaghi come "migliorare le vendite" e optare per formulazioni precise che rispondano a domande fondamentali. Ad esempio, "Aumentare le vendite del prodotto X del 20% entro il termine del trimestre" è un obiettivo specifico che definisce chiaramente il risultato atteso e il contesto.

**La misurabilità** consente di monitorare i progressi e verificare il raggiungimento dell'obiettivo, infatti occorre stabilire indicatori concreti e quantificabili aiuta a mantenere il team focalizzato. Ad esempio, "Ridurre il tempo medio di risposta alle richieste dei clienti a meno di 24 ore" fornisce una metrica chiara per la valutazione.

Gli **obiettivi** devono essere **realistici e raggiungibili**, tenendo conto delle risorse disponibili e delle capacità del team. Un obiettivo ambizioso ma irrealistico può demotivare il team, mentre uno raggiungibile incoraggia l'impegno. Ad esempio, "Incrementare il numero di lead qualificati del 15%" è più ragionevole e fattibile rispetto a un obiettivo di aumento del 50% in un periodo breve.

Gli **obiettivi** devono essere anche **pertinenti** rispetto alle priorità e alle strategie dell'organizzazione. Un obiettivo rilevante contribuisce direttamente agli scopi a lungo termine e alle esigenze dell'azienda. Per esempio, se l'azienda punta a espandere la sua presenza online, un obiettivo rilevante potrebbe essere "Aumentare il traffico web del 25% attraverso campagne di marketing digitale".

Ogni **obiettivo** inoltre deve avere una **scadenza definita** che consenta di stabilire quando deve essere completato. Una scadenza chiara aiuta a mantenere il focus e a garantire un senso di urgenza. Ad esempio, "Completare la revisione del processo di onboarding entro la fine del mese" stabilisce un termine specifico per il raggiungimento dell'obiettivo.

**Coinvolgimento del Team nella Definizione degli Obiettivi**

Per quanto riguarda il coinvolgimento di un team nella definizione degli obiettivi, esso è una strategia vincente che apporta numerosi benefici, tra cui maggiore impegno, allineamento e comunicazione.

Il coinvolgimento attivo nella definizione degli obiettivi fa sentire i membri del team parte del processo decisionale, questo aumenta il loro senso di responsabilità e impegno verso il raggiungimento degli obiettivi. Quando le persone vedono che le loro opinioni sono ascoltate e rispettate, sono più propense a dedicare il loro massimo impegno.

Discutere e definire gli obiettivi in collaborazione aiuta a garantire che tutti i membri del team abbiano una comprensione chiara e condivisa delle aspettative, previene malintesi e conflitti, assicurando che il lavoro del team sia coerente con le strategie dell'organizzazione.

Anche coinvolgendo il team nella pianificazione degli obiettivi, è possibile identificare in anticipo eventuali ostacoli o risorse necessarie. I membri del team, avendo esperienza diretta, possono contribuire con preziosi insights sulle sfide previste e suggerire soluzioni pratiche.

La discussione aperta degli obiettivi consente di ricevere feedback diretto e di apportare modifiche prima dell'implementazione, questo processo di revisione continua aiuta a ottimizzare gli obiettivi e ad assicurare che siano realistici e adeguati alle circostanze.

**Metodologia per Coinvolgere il Team:**

Esistono diversi metodi per coinvolgere un team ad esempio attraverso **sessioni di brainstorming** le quali sono un ottimo modo per raccogliere idee e opinioni sui possibili obiettivi. Creare un ambiente aperto e collaborativo stimola la creatività e consente di esplorare diverse prospettive. Questi incontri dovrebbero essere ben organizzati per facilitare la partecipazione di tutti i membri del team.

Oppure **organizzare discussioni di gruppo** per esaminare e affinare gli obiettivi proposti, permette di ottenere un consenso e di chiarire qualsiasi ambiguità. Le discussioni possono essere strutturate per coprire diverse aree, come le priorità strategiche e le risorse disponibili.

**Lavorare insieme per stabilire gli obiettivi**, è una pratica molto importante che assicura che siano realistici e condivisi. Utilizzare tecniche come il consenso informato, dove tutti i membri del team hanno voce in capitolo e possono esprimere preoccupazioni o suggerimenti, aumenta l'accettazione e la motivazione.

Dopo aver definito gli obiettivi, **raccogliere feedback sul processo** e sull'efficacia degli obiettivi stessi aiuta a identificare aree di miglioramento e a fare aggiustamenti necessari, infatti le revisioni periodiche garantiscono che gli obiettivi rimangano rilevanti e allineati con le dinamiche aziendali.

### 4. Esempi di Applicazione Pratica:

- **Esempio 1:** Un team di marketing stabilisce un obiettivo a breve termine per "Aumentare il numero di iscritti alla newsletter del 10% entro tre mesi". Questo obiettivo è specifico, misurabile, raggiungibile, rilevante e temporale. Il coinvolgimento del team potrebbe includere brainstorming per strategie di acquisizione e discussioni per definire le azioni concrete.

- **Esempio 2:** Un team di vendita si propone di "Incrementare le vendite di un prodotto specifico del 15% entro il prossimo trimestre". Utilizzando il framework SMART, il team discute le migliori strategie di vendita e pianifica campagne promozionali. La partecipazione del team nella definizione delle tattiche e delle risorse necessarie aiuta a creare un piano d'azione dettagliato.

- **Esempio 3:** Un reparto IT ha come obiettivo "Completare l'aggiornamento del sistema entro sei mesi". Il team partecipa alla definizione dell'obiettivo identificando i requisiti tecnici e le scadenze. Il feedback continuo e le sessioni di revisione aiutano a mantenere il progetto in linea con le aspettative e ad affrontare eventuali sfide.

# Capitolo 6: Definizione degli Obiettivi a Medio e Lungo Termine

In questo sesto capitolo ci immergeremo nell'arte della visione strategica e della pianificazione a lungo termine, esplorando come allineare gli obiettivi individuali con quelli aziendali per creare una sinergia potente e sostenibile.

Nel contesto di "Leadership e Gestione delle Risorse Umane," comprenderete come una visione chiara e una pianificazione ben strutturata siano fondamentali per guidare l'organizzazione verso traguardi ambiziosi e duraturi. Un leader esperto sa che la chiave del successo a lungo termine risiede nella capacità di vedere oltre l'orizzonte e di ispirare il team a fare lo stesso.

Dunque preparatevi a definire obiettivi che non solo spingano l'organizzazione verso nuove vette, ma che anche motivino ogni membro del team a dare il meglio di sé. È il momento di dimostrare come una leadership visionaria possa trasformare grandi idee in realtà concrete. Avanti, verso un futuro brillante con determinazione e saggezza!

Definire obiettivi a medio e lungo termine è essenziale per garantire che un'organizzazione non solo raggiunga i suoi traguardi immediati, ma costruisca anche una base solida per una crescita sostenibile e duratura. Questi obiettivi orientano le strategie aziendali e aiutano a mantenere la direzione verso visioni e ambizioni più ampie. In questo capitolo, esploreremo l'importanza della visione strategica e della pianificazione a lungo termine, e come allineare efficacemente gli obiettivi individuali con quelli aziendali.

# 6. Definizione degli Obiettivi a Medio e Lungo Termine

Gli obiettivi a medio e lungo termine sono cruciali per il successo sostenibile di un'organizzazione. Mentre gli obiettivi a breve termine si concentrano su risultati immediati, quelli a medio e lungo termine si estendono oltre l'orizzonte immediato, mirando a sviluppare una visione strategica e a garantire una crescita continua. Questi obiettivi richiedono una pianificazione accurata e una visione chiara di dove si vuole che l'organizzazione si diriga.

## Visione Strategica e Pianificazione a Lungo Termine

La visione strategica è un elemento fondamentale nella definizione di obiettivi a lungo termine, rappresenta la dichiarazione delle aspirazioni future dell'organizzazione e guida la pianificazione a lungo termine, di seguito alcuni consigli su come sviluppare e implementare una visione strategica efficace.

La visione strategica deve essere chiara, ispiratrice e ambiziosa, essa descrive dove l'organizzazione vuole trovarsi in futuro e serve da guida per tutte le decisioni strategiche. Ad esempio, una società tecnologica potrebbe avere una visione di "Diventare leader globale nella fornitura di soluzioni innovative per l'intelligenza artificiale".

Per pianificare efficacemente a lungo termine, è cruciale analizzare le tendenze del mercato, le opportunità e le minacce, questo implica valutare l'evoluzione del settore, le tecnologie emergenti, e i cambiamenti nelle esigenze dei clienti. Ad esempio, un'azienda che opera nel settore della sostenibilità potrebbe considerare l'espansione verso nuovi mercati emergenti per rispondere alla crescente domanda di soluzioni ecologiche.

Gli obiettivi strategici a lungo termine devono riflettere la visione dell'organizzazione e tradurla in traguardi concreti. Questi obiettivi possono riguardare l'espansione del mercato, lo sviluppo di nuovi prodotti, o miglioramenti operativi significativi. Ad esempio, "Espandere la presenza internazionale in tre nuovi continenti entro il prossimo decennio" rappresenta un obiettivo strategico a lungo termine.

Una pianificazione a lungo termine richiede una chiara allocazione delle risorse, inclusi tempo, denaro e personale, infatti è essenziale creare piani dettagliati che includano le tappe intermedie, i budget previsti e le risorse necessarie per raggiungere gli obiettivi a lungo termine. Ad esempio, un'azienda che mira a lanciare una nuova linea di prodotti può pianificare l'investimento in ricerca e sviluppo, marketing e infrastrutture necessarie per supportare il lancio.

Anche con una pianificazione dettagliata, è importante monitorare continuamente i progressi verso gli obiettivi a lungo termine e apportare adattamenti quando necessario. Questo implica la revisione periodica della strategia e l'aggiustamento degli obiettivi in risposta ai cambiamenti del mercato o alle performance dell'organizzazione.

## Allineamento degli Obiettivi Individuali con Quelli Aziendali

Per garantire che gli obiettivi a lungo termine siano raggiunti, è fondamentale che gli obiettivi individuali dei membri del team siano allineati con quelli aziendali, questo allineamento assicura che ogni azione e decisione contribuisca alla realizzazione della visione strategica.

È essenziale che i membri del team comprendano la **visione strategica** dell'organizzazione e gli obiettivi a lungo termine, la comunicazione chiara di questi elementi aiuta a garantire che tutti siano consapevoli della direzione e delle priorità dell'organizzazione. Le riunioni regolari, le comunicazioni interne e i documenti strategici sono strumenti utili per questo scopo.

Ogni membro del team deve avere **obiettivi individuali** che supportino e contribuiscano agli obiettivi aziendali, questi obiettivi dovrebbero essere derivati dalla strategia a lungo termine e collegati ai compiti e alle responsabilità specifiche di ciascuno. Ad esempio, se l'obiettivo aziendale è "Aumentare la quota di mercato del 20% in cinque anni", un obiettivo individuale per un responsabile delle vendite potrebbe essere "Acquisire nuovi clienti per il 10% del mercato target entro il prossimo anno".

**Creare sistemi per monitorare i progressi** verso gli obiettivi individuali e fornire feedback regolare è cruciale per mantenere l'allineamento. Le valutazioni periodiche delle performance e i feedback costruttivi aiutano a mantenere il team motivato e a garantire che gli sforzi individuali siano orientati verso il successo complessivo.

**Riconoscere e premiare i contributi** dei membri del team verso il raggiungimento degli obiettivi aziendali aumenta la motivazione e l'impegno. Gli incentivi possono includere bonus, riconoscimenti pubblici o opportunità di crescita professionale, infatti questo rinforza l'importanza del contributo di ciascuno nel raggiungimento degli obiettivi a lungo termine.

**Facilitare la collaborazione** tra i membri del team e i diversi dipartimenti aiuta a garantire che gli obiettivi individuali siano integrati con quelli aziendali. Progetti e iniziative congiunte incoraggiano il lavoro di squadra e migliorano la coesione verso il raggiungimento degli obiettivi comuni.

**Ecco alcuni Esempi di Applicazione Pratica:**

- **Esempio 1:** Un'azienda di tecnologia definisce come obiettivo a lungo termine "Diventare il principale fornitore di soluzioni per la sicurezza informatica entro dieci anni". Per allineare gli obiettivi individuali, i responsabili dei vari dipartimenti stabiliscono obiettivi specifici come "Sviluppare e lanciare un nuovo prodotto di sicurezza informatica entro il prossimo anno" e "Espandere la rete di partner strategici per migliorare la distribuzione".

- **Esempio 2:** Una catena di ristoranti punta a "Espandere la propria rete di locali a livello nazionale entro cinque anni". Gli obiettivi individuali dei membri del team includono "Aprire tre nuovi ristoranti nella regione X entro il prossimo anno" e "Aumentare il fatturato del singolo ristorante del 10% attraverso iniziative locali".

- **Esempio 3:** Un'organizzazione non profit mira a "Aumentare la consapevolezza e il supporto per una causa specifica a livello globale entro il prossimo decennio". Gli obiettivi individuali possono includere "Organizzare eventi di raccolta fondi nelle principali città europee" e "Sviluppare campagne di sensibilizzazione sui social media con un incremento del 25% dell'engagement".

# Capitolo 7: Essere Coerenti

Iniziamo questo nuovo capitolo, di estrema importanza per instaurare fiducia con il proprio team e il raggiungere gli obiettivi, in cui capiremo l'importanza fondamentale della coerenza tra parole e azioni e come questa qualità sia essenziale per costruire e mantenere la fiducia reciproca all'interno del vostro team e dell'intera organizzazione.

Nel contesto di questa tematica, capirete che la coerenza non è solo una questione di integrità personale, ma una strategia potente per rafforzare la credibilità e l'efficacia della leadership. Un leader esperto sa che ogni promessa mantenuta, ogni azione allineata con le parole, consolida la fiducia e ispira il rispetto.

Preparatevi a scoprire come la coerenza possa diventare il vostro strumento più prezioso per guidare con autorità e autenticità. È il momento di dimostrare che le vostre azioni parlano tanto quanto le vostre parole, costruendo un ambiente di fiducia e trasparenza.

Essere coerenti significa che le azioni di un leader devono essere in armonia con le parole e le dichiarazioni, questo principio è essenziale per stabilire credibilità e fiducia e per garantire che l'organizzazione funzioni in modo efficace e armonioso.

**L'importanza della Coerenza tra Parole e Azioni**

La coerenza tra parole e azioni è cruciale per vari motivi:

**Credibilità e Integrità:** La credibilità di un leader dipende fortemente dalla sua capacità di mantenere ciò che promette. Quando un leader fa dichiarazioni che non sono supportate dalle sue azioni, può rapidamente perdere la fiducia e il rispetto dei membri del team. Per esempio, se un leader proclama l'importanza della trasparenza ma non è aperto riguardo alle decisioni e ai cambiamenti, i membri del team potrebbero considerarlo disonesto.

**Prevedibilità e Stabilità:** I membri del team apprezzano la prevedibilità e la stabilità che derivano da un leader coerente. Questo è particolarmente importante in ambienti di lavoro ad alta pressione o durante i periodi di cambiamento. La coerenza aiuta a ridurre l'incertezza e a mantenere un ambiente di lavoro più calmo e produttivo.

**Motivazione e Impegno:** La coerenza non solo migliora la fiducia, ma anche la motivazione e l'impegno del team. Quando i membri del team vedono che il leader è autentico e che le sue azioni riflettono le sue parole, sono più inclini a essere motivati e a investire maggiormente nel raggiungimento degli obiettivi comuni. Per esempio, se un leader sottolinea l'importanza della collaborazione e poi lavora attivamente con il suo team, dimostra con l'esempio che la collaborazione è realmente valorizzata.

## Costruire la Fiducia attraverso la Coerenza

La fiducia è il risultato diretto della coerenza, adesso vediamo come un vero leader può costruire e mantenere la fiducia attraverso la coerenza.

È fondamentale che le decisioni di un leader siano in linea con i valori e la visione dell'organizzazione, infatti quando le decisioni riflettono i principi dichiarati, i membri del team percepiscono il leader come autentico e impegnato. Ad esempio, se un'organizzazione valorizza l'innovazione, il leader deve supportare e investire in progetti innovativi e incoraggiare la creatività tra i membri del team.

Anche la trasparenza è essenziale per la costruzione della fiducia, i leader devono essere chiari e onesti riguardo alle decisioni, alle aspettative e alle sfide. La comunicazione aperta e coerente evita malintesi e contribuisce a creare un ambiente di lavoro in cui i membri del team si sentano coinvolti e informati.

I leader devono mantenere le promesse e gli impegni presi, questo implica non solo il rispetto delle scadenze e delle promesse fatte, ma anche l'assunzione di responsabilità in caso di fallimenti. Se un leader promette un cambiamento nelle politiche o nel supporto, deve fare tutto il possibile per realizzarlo. Se non è possibile mantenere un impegno, è essenziale spiegare chiaramente le ragioni del cambiamento e le nuove direzioni.

La coerenza nelle reazioni alle situazioni e ai problemi è cruciale per mantenere un clima di equità e giustizia, infatti bisogna applicare le stesse norme e standard a tutti i membri del team evita favoritismi e risentimenti. Un leader che gestisce i conflitti e le problematiche in modo uniforme dimostra un impegno verso l'equità e la giustizia.

I leader devono essere anche pronti ad assumersi la responsabilità delle proprie azioni e delle decisioni, ammettere gli errori e apportare correzioni dimostra un impegno verso la crescita e l'apprendimento. La responsabilità non solo rinforza la fiducia, ma mostra anche che il leader è disposto a fare ciò che è giusto anche quando è difficile.

Ecco alcune semplici strategie per mantenere la coerenza:

**Stabilire Procedure e Linee Guida Chiare:** Avere procedure e linee guida ben definite aiuta a mantenere la coerenza nelle decisioni e nelle azioni, bisogna documentare e comunicare queste procedure a tutto il team assicura che le pratiche siano uniformi e che tutti sappiano cosa aspettarsi. Per esempio, stabilire un codice etico e pratiche standard per la gestione dei progetti aiuta a garantire che le azioni siano sempre allineate con i valori aziendali.

**Eseguire Check-in Regolari:** I check-in regolari con i membri del team aiutano a monitorare i progressi e ad assicurare che le azioni rimangano allineate con gli obiettivi e i valori. Questi incontri possono servire per discutere dei progressi, risolvere problemi e rivedere le politiche in corso. Forniscono anche un'opportunità per raccogliere feedback e apportare eventuali aggiustamenti necessari.

**Feedback e Auto-Riflessione:** Incoraggiare feedback dai membri del team e praticare l'auto-riflessione aiutano i leader a identificare aree in cui potrebbe esserci una mancanza di coerenza. Utilizzare il feedback per apportare miglioramenti dimostra un impegno continuo verso l'allineamento tra parole e azioni.

**Ecco alcuni Esempi di Applicazione Pratica**

**Esempio 1:** Un CEO di una startup tecnologica promuove l'importanza dell'innovazione e della sperimentazione. Per dimostrare coerenza, il CEO non solo incoraggia il team a proporre idee innovative ma investe anche in laboratori di ricerca e sviluppo e premia i progetti più creativi. Questo approccio dimostra un impegno reale verso l'innovazione.

**Esempio 2:** Un direttore delle risorse umane che enfatizza il valore del benessere dei dipendenti implementa politiche di lavoro flessibile e offre supporto per l'equilibrio vita-lavoro. La coerenza si dimostra attraverso la creazione di un ambiente che effettivamente supporta la salute e il benessere dei dipendenti, con programmi di consulenza e benefit per la salute.

**Esempio 3:** Un leader di una grande impresa che sostiene la responsabilità sociale d'impresa deve assicurarsi che l'organizzazione non solo faccia donazioni a cause benefiche, ma integri pratiche sostenibili nelle operazioni quotidiane. La coerenza si evidenzia attraverso iniziative come la riduzione dell'impronta di carbonio e l'adozione di pratiche ecologiche in tutte le operazioni aziendali.

# Capitolo 8: Esempi Pratici di Coerenza

Complimenti, se sei arrivato fino a qui significa che hai davvero la stoffa per diventare un vero Leader! Ti guideremo attraverso casi concreti che illustrano come la coerenza nelle azioni e nelle decisioni possa trasformare la motivazione del team e potenziare la cultura aziendale.

Adesso scoprirai come la coerenza non è solo un valore astratto, ma una pratica quotidiana che genera risultati tangibili. Attraverso esempi reali, vedremo come una leadership che si allinea alle sue promesse e principi non solo ispira fiducia, ma motiva il team a superare le aspettative e a raggiungere nuovi traguardi.

La coerenza non è semplicemente una qualità desiderabile in un leader; è una necessità per costruire e mantenere un ambiente di lavoro sano e produttivo. Quando le azioni di un leader sono allineate con le dichiarazioni e i valori espressi, il risultato è un aumento significativo nella motivazione del team e una maggiore efficacia operativa. Questo capitolo esplorerà in dettaglio alcuni esempi pratici di come la coerenza si manifesta in diverse organizzazioni e l'impatto che ha sulla motivazione e sull'impegno dei dipendenti.

Preparati a vedere come la coerenza, applicata con saggezza e dedizione, diventa un motore potente di impegno e performance. È il momento di esaminare come le vostre scelte coerenti possono influenzare positivamente la vostra squadra e consolidare una leadership di successo.

## Esempi Pratici di Coerenza

**Coerenza nella Comunicazione e nella Cultura Aziendale**

**Caso: TechWave**

TechWave è una startup tecnologica che ha dichiarato l'importanza della trasparenza e della collaborazione. La leadership ha implementato una serie di pratiche per mantenere la coerenza con questi valori:

**Spazi per il Brainstorming:** L'azienda ha creato ambienti fisici e virtuali dove i dipendenti possono proporre idee e discutere liberamente, questo dimostra che l'innovazione è veramente incoraggiata, non solo dichiarata.

**Incontri Mensili di Trasparenza:** Ogni mese, il CEO tiene un incontro aperto con tutti i dipendenti per discutere i risultati aziendali, le sfide e le decisioni strategiche. Questa pratica non solo informa i dipendenti, ma dimostra anche che la leadership è sincera riguardo alla propria visione e alle proprie azioni.

**Impatto sulla Motivazione:** La coerenza tra i valori dichiarati e le pratiche effettive ha portato a un ambiente di lavoro altamente motivante. I dipendenti si sentono valorizzati e coinvolti, sapendo che le loro idee sono ascoltate e che la trasparenza è una pratica reale. Questo ha aumentato il loro impegno e la loro soddisfazione sul posto di lavoro.

**Coerenza nella Gestione delle Prestazioni**

**Caso: GreenCorp**

GreenCorp, una multinazionale che promuove la sostenibilità, ha integrato la sostenibilità nei propri obiettivi aziendali:

**Obiettivi di Sostenibilità:** I KPI per i dipendenti includono obiettivi specifici di sostenibilità, come il risparmio energetico e la riduzione dei rifiuti. Questo allinea gli obiettivi individuali con i valori aziendali, dimostrando che la sostenibilità è una priorità reale.

**Premi per Iniziative Sostenibili:** L'azienda ha istituito un programma di riconoscimento per le migliori pratiche sostenibili. I dipendenti e i team che contribuiscono significativamente agli obiettivi di sostenibilità sono premiati, incentivando ulteriormente il comportamento allineato con i valori dell'azienda.

**Impatto sulla Motivazione:** La coerenza tra le dichiarazioni e le pratiche aziendali ha portato a un aumento della motivazione e dell'impegno verso gli obiettivi di sostenibilità. I dipendenti sono motivati a contribuire alle iniziative ecologiche, sapendo che il loro impegno viene riconosciuto e premiato, il che rinforza la loro fiducia nei valori aziendali.

**Coerenza nella Leadership Personale**

**Caso: HealthFirst**

HealthFirst, un'azienda del settore sanitario, ha fatto del benessere dei dipendenti una priorità:

**Politiche di Lavoro Flessibile:** L'azienda offre orari di lavoro flessibili e opzioni di lavoro da remoto, queste politiche supportano il bilanciamento tra vita lavorativa e privata, come dichiarato dalla leadership.

**Programmi di Benessere:** HealthFirst ha introdotto programmi di benessere che includono sessioni di yoga e supporto per la salute mentale, questi programmi sono progettati per migliorare il benessere dei dipendenti, in linea con le dichiarazioni della leadership.

**Impatto sulla Motivazione:** La coerenza tra le dichiarazioni e le politiche aziendali ha migliorato significativamente il morale dei dipendenti. La possibilità di lavorare con orari flessibili e l'accesso a programmi di benessere hanno contribuito a un equilibrio migliore tra vita e lavoro, aumentando la produttività e riducendo il turnover.

## Coerenza nella Risoluzione dei Conflitti

## Caso: EduTech

EduTech, un'azienda nel settore dell'istruzione, ha adottato pratiche specifiche per gestire i conflitti:

**Formazione sulla Risoluzione dei Conflitti:** EduTech offre corsi di formazione regolari sulla risoluzione dei conflitti e la comunicazione efficace, questi corsi sono destinati a manager e dipendenti per migliorare le competenze nella gestione delle controversie.

**Processi di Mediazione:** L'azienda ha implementato un processo di mediazione per risolvere i conflitti tra dipendenti in modo imparziale e costruttivo, questo processo aiuta a mantenere un ambiente di lavoro armonioso e giusto.

**Impatto sulla Motivazione:** La coerenza nelle pratiche di risoluzione dei conflitti ha migliorato l'ambiente di lavoro, riducendo le tensioni e promuovendo relazioni più positive tra i dipendenti. La formazione e i processi di mediazione hanno contribuito a un clima di rispetto e giustizia, aumentando la motivazione e il coinvolgimento dei dipendenti.

Gli esempi pratici di coerenza dimostrano che il valore della coerenza nella leadership non è solo teorico, ma ha applicazioni pratiche che influenzano profondamente la motivazione e l'efficacia di un team. Quando un leader mantiene coerenza tra le dichiarazioni e le azioni, il risultato è una maggiore fiducia, un miglioramento del morale e un impegno più elevato da parte dei dipendenti.

I leader devono essere consapevoli che la coerenza richiede uno sforzo continuo e una vigilanza costante. Essere autentici e allineati ai propri valori e obiettivi aziendali contribuisce a creare un ambiente di lavoro positivo e produttivo. Implementare pratiche che riflettano le dichiarazioni della leadership e applicare questi principi nella gestione quotidiana aiuterà a costruire una cultura aziendale forte e coesa, portando a risultati migliori e a una maggiore soddisfazione dei dipendenti.

# Capitolo 9: Strumenti di Gestione delle Risorse Umane

Eccoci giunti al nono capitolo di questo manuale dove esploreremo come le tecnologie all'avanguardia e gli indicatori di performance possono elevare la vostra strategia di leadership e ottimizzare la gestione delle risorse umane.

Nel contesto di "Leadership e Gestione delle Risorse Umane," scoprirai come l'adozione di software HR avanzati e l'analisi delle metriche di performance possano trasformare la gestione del team da una funzione operativa a una leva strategica di successo.

Imparerai a utilizzare strumenti tecnologici per migliorare l'efficienza, a monitorare i risultati e a prendere decisioni basate sui dati che spingono la vostra organizzazione verso nuovi traguardi. È il momento di abbracciare l'innovazione e di utilizzare le metriche per guidare il successo e la crescita del tuo team.

Nel contesto dinamico e competitivo del mercato odierno, l'efficacia della gestione delle risorse umane è strettamente legata all'uso ottimale degli strumenti e delle tecnologie disponibili. La digitalizzazione ha rivoluzionato la gestione HR, rendendo i processi più efficienti e fornendo strumenti potenti per prendere decisioni basate su dati concreti. Questo capitolo approfondirà come i software e le tecnologie, insieme agli indicatori di performance e alle metriche HR, siano essenziali per una gestione efficace delle risorse umane.

## Software e Tecnologie per la Gestione HR

La gestione delle risorse umane ha visto un'evoluzione significativa grazie all'adozione di tecnologie avanzate. I software HR non solo automatizzano i compiti ripetitivi, ma offrono anche funzionalità avanzate che migliorano la precisione e l'efficacia dei processi HR.

**Sistemi di Gestione delle Risorse Umane (HRMS):** Gli HRMS rappresentano una soluzione integrata per gestire tutte le funzioni HR, dalla pianificazione della forza lavoro alla gestione delle prestazioni e alla retribuzione. Esempi come Workday, SAP

SuccessFactors e Oracle HCM Cloud offrono moduli interconnessi che permettono una visione olistica e centralizzata delle risorse umane. Questi sistemi semplificano la gestione delle informazioni dei dipendenti, facilitano la reportistica e migliorano l'efficienza operativa, riducendo gli errori e il tempo dedicato alla gestione manuale dei dati.

**Software di Reclutamento e Selezione:** Strumenti come LinkedIn Recruiter, Greenhouse e iCIMS offrono funzionalità avanzate per semplificare e ottimizzare il processo di reclutamento. Questi software consentono di gestire l'intero ciclo di vita del reclutamento, dalla pubblicazione degli annunci alla selezione dei candidati, migliorando l'efficienza e riducendo il tempo necessario per riempire una posizione. Le funzionalità di tracciamento dei candidati (ATS) e le analisi avanzate delle pipeline di reclutamento forniscono informazioni preziose su quali strategie di reclutamento siano più efficaci.

**Sistemi di Gestione delle Performance:** Strumenti come 15Five e Lattice offrono soluzioni per monitorare e migliorare le prestazioni dei dipendenti. Questi sistemi supportano la creazione di obiettivi, la raccolta di feedback continuo e la gestione delle valutazioni delle performance. La possibilità di avere una visione in tempo reale delle performance dei dipendenti e di gestire le revisioni delle performance in modo strutturato contribuisce a una gestione più mirata e personalizzata.

**Software per la Formazione e lo Sviluppo:** Le piattaforme LMS come Moodle, Cornerstone OnDemand e Skillsoft facilitano l'erogazione di programmi di formazione e sviluppo professionale. Questi strumenti offrono corsi online, moduli di apprendimento e risorse per migliorare le competenze dei dipendenti. La possibilità di monitorare i progressi e valutare l'efficacia della formazione consente alle organizzazioni di investire in programmi di sviluppo che rispondano alle reali esigenze dei dipendenti e dell'azienda.

**Sistemi di Gestione della Retribuzione e dei Benefici:** Software come ADP e Paychex gestiscono in modo completo la retribuzione e i benefici dei dipendenti. Questi strumenti garantiscono il calcolo accurato dei salari, la gestione delle tasse e la conformità alle normative, riducendo il rischio di errori e garantendo la soddisfazione dei dipendenti.

### Indicatori di Performance e Metriche HR

Le metriche e gli indicatori di performance sono strumenti cruciali per monitorare l'efficacia delle pratiche HR e migliorare la gestione dei talenti. L'analisi dei dati consente di prendere decisioni informate e di ottimizzare le strategie HR.

**Tasso di Turnover dei Dipendenti:** Questo indicatore misura il numero di dipendenti che lasciano l'azienda in un periodo di tempo definito. Un elevato tasso di turnover può indicare problemi nella cultura aziendale, nella leadership o nella soddisfazione lavorativa. Monitorare il turnover consente di identificare le cause e di sviluppare strategie per migliorare la retention dei talenti.

**Tempo di Assunzione:** Questo KPI misura il tempo necessario per riempire una posizione vacante. Ridurre il tempo di assunzione è cruciale per minimizzare l'impatto delle posizioni vacanti sull'operatività aziendale. Analizzare il tempo di assunzione aiuta a ottimizzare il processo di reclutamento e a migliorare l'efficienza.

**Costo per Assunzione:** Calcola il costo totale associato al reclutamento di un nuovo dipendente, inclusi gli annunci, le spese di selezione e il tempo del personale HR. Questo indicatore aiuta a gestire il budget e a ottimizzare le spese di reclutamento, assicurando che le risorse siano utilizzate in modo efficace.

**Soddisfazione dei Dipendenti:** Le indagini sulla soddisfazione dei dipendenti forniscono dati sui sentimenti e le opinioni dei dipendenti riguardo al loro ambiente di lavoro. Misurare la soddisfazione aiuta a identificare aree di miglioramento e a sviluppare strategie per migliorare l'ambiente lavorativo e l'engagement.

**Performance dei Dipendenti:** Le metriche di performance, come le valutazioni delle prestazioni e l'adempimento degli obiettivi, sono essenziali per monitorare e gestire l'efficacia dei dipendenti. Questi indicatori forniscono informazioni su chi eccelle e chi potrebbe necessitare di supporto aggiuntivo, permettendo una gestione più mirata delle risorse.

**Assenteismo:** Misura la frequenza e la durata delle assenze dei dipendenti. Un elevato tasso di assenteismo può indicare problemi di benessere o di soddisfazione sul lavoro. Monitorare questo indicatore aiuta a prendere misure preventive per migliorare il benessere dei dipendenti e ridurre le assenze non programmate.

**Ritorno sull'Investimento (ROI) nella Formazione:** Valuta l'efficacia degli investimenti nella formazione misurando i benefici ottenuti rispetto ai costi. Questo indicatore aiuta a determinare se i programmi di formazione sono efficaci e se contribuiscono a migliorare le competenze e le performance dei dipendenti.

**Integrazione dei Dati e Analisi Predittiva**

L'integrazione dei dati e l'analisi predittiva rappresentano il futuro della gestione delle risorse umane. Utilizzando i dati raccolti attraverso vari strumenti HR, le organizzazioni possono fare previsioni su tendenze e comportamenti futuri, permettendo una gestione più strategica e proattiva.

**Analisi dei Dati di Reclutamento:** Analizzare i dati di reclutamento per identificare le tendenze nelle fonti di talenti e nei tempi di assunzione aiuta a ottimizzare le strategie di reclutamento e a migliorare l'efficacia del processo di assunzione.

**Analisi della Soddisfazione dei Dipendenti:** Utilizzare le indagini sulla soddisfazione per monitorare le tendenze e identificare problemi emergenti. Questa analisi consente di prendere azioni correttive e di migliorare l'ambiente di lavoro.

**Previsione del Turnover:** Modelli analitici avanzati possono prevedere il turnover dei dipendenti e identificare i fattori di rischio. Questa previsione consente di sviluppare strategie di retention e di pianificare la successione in modo più efficace.

# Capitolo 10: Tecniche di Motivazione e Coinvolgimento

In questo capitolo ci addentreremo nelle strategie che non solo accendono la scintilla della motivazione, ma trasformano l'ambiente di lavoro in un terreno fertile per la crescita e il successo.

Andremo a studiare le teorie della motivazione che danno forma alla nostra comprensione di cosa spinge veramente le persone a eccellere. Scoprirai come combinare incentivi economici e non economici per creare un mix potente che ispiri e coinvolga ogni membro del team, e, soprattutto, imparerai a costruire un ambiente di lavoro positivo, dove il talento prospera e la produttività raggiunge nuovi picchi.

Motivare e coinvolgere i dipendenti è essenziale per migliorare la produttività e la soddisfazione sul lavoro. Un team motivato è più produttivo, più creativo e più impegnato verso il raggiungimento degli obiettivi aziendali. In questo capitolo, esploreremo le teorie della motivazione, i diversi tipi di incentivi e le migliori pratiche per creare un ambiente di lavoro positivo.

Preparati a mettere in pratica tecniche che trasformano la motivazione in azione concreta e a vedere il vostro team fiorire come mai prima d'ora, questo è il momento di dimostrare che una leadership efficace non è solo guidare, ma ispirare e coinvolgere con energia e innovazione.

**Teorie della Motivazione**

Le teorie della motivazione forniscono una base per comprendere cosa spinge i dipendenti a impegnarsi e a lavorare con entusiasmo, diverse teorie offrono prospettive diverse su come e perché le persone sono motivate.

**Teoria dei Bisogni di Maslow:** Abraham Maslow ha proposto che i bisogni umani siano organizzati in una gerarchia, dalla più basilare (bisogni fisiologici) alla più alta (autorealizzazione). Secondo Maslow, per motivare i dipendenti, è importante soddisfare prima i bisogni di base come la sicurezza e il benessere, e poi promuovere opportunità per la crescita personale e l'autorealizzazione.

**Teoria dell'Autodeterminazione (SDT):** Questa teoria, sviluppata da Deci e Ryan, si basa sull'idea che la motivazione è influenzata dalla soddisfazione di tre bisogni psicologici fondamentali: autonomia, competenza e relazione. Secondo SDT, i dipendenti sono maggiormente motivati quando sentono di avere controllo sulle loro azioni (autonomia), quando percepiscono di essere bravi nel loro lavoro (competenza), e quando si sentono connessi e supportati dai colleghi e dai supervisori (relazione).

**Teoria dei Due Fattori di Herzberg:** Frederick Herzberg ha identificato due categorie di fattori che influenzano la motivazione: i fattori igienici e i fattori motivazionali. I fattori igienici, come le condizioni di lavoro e la retribuzione, possono causare insoddisfazione se non sono adeguati, ma non necessariamente aumentano la soddisfazione se migliorati. I fattori motivazionali, come il riconoscimento e il progresso professionale, sono quelli che realmente incrementano la motivazione e la soddisfazione.

**Teoria della Expectativa di Vroom:** Victor Vroom ha sviluppato la teoria dell'aspettativa, che suggerisce che i dipendenti sono motivati a lavorare sodo quando credono che il loro impegno porterà a risultati desiderabili. La teoria si basa su tre componenti principali: valenza (l'importanza del risultato), aspettativa (la probabilità di raggiungere il risultato), e strumentalità (la probabilità che il risultato porti a ricompense desiderate).

## Incentivi Economici e Non Economici

Gli incentivi sono strumenti fondamentali per motivare i dipendenti. Possono essere suddivisi in economici e non economici, e una combinazione di entrambi è spesso la chiave per un'efficace motivazione.

**Incentivi Economici:** Gli incentivi economici comprendono bonus, aumenti di stipendio, commissioni, e altri benefici monetari. Questi incentivi sono spesso utilizzati per premiare il raggiungimento di obiettivi specifici, il superamento delle aspettative o il buon rendimento. Tuttavia, è importante che questi incentivi siano equi e ben strutturati per evitare effetti negativi come la competizione malsana o la pressione eccessiva.

**Incentivi Non Economici:** Gli incentivi non economici includono riconoscimenti, opportunità di sviluppo professionale, flessibilità lavorativa e un ambiente di lavoro positivo. Riconoscimenti come premi, certificati, e feedback positivo sono potenti strumenti per motivare i dipendenti. Le opportunità di crescita, come corsi di formazione e piani di carriera, possono aumentare l'engagement e la lealtà. La flessibilità lavorativa, come il lavoro da remoto o gli orari flessibili, può contribuire a un migliore equilibrio tra vita lavorativa e personale.

## Come Creare un Ambiente di Lavoro Positivo

Un ambiente di lavoro positivo è fondamentale per il coinvolgimento e la motivazione dei dipendenti. Le seguenti pratiche possono aiutare a costruire un ambiente di lavoro che favorisca la soddisfazione e l'impegno.

Creare una cultura in cui i dipendenti ricevano **feedback costruttivo** e riconoscimento per il loro lavoro è cruciale. I manager dovrebbero fornire feedback regolare e tempestivo e riconoscere i successi e i contributi dei dipendenti in modo genuino. Il riconoscimento pubblico e privato può aumentare la motivazione e rafforzare il senso di appartenenza.

Anche **favorire un ambiente collaborativo** e di supporto aiuta a costruire relazioni positive tra i dipendenti e promuove un senso di comunità. Le attività di team building e i progetti di gruppo possono migliorare la coesione e la comunicazione all'interno del team.

Bisogna **investire nello sviluppo professionale** dei dipendenti non solo migliora le loro competenze, ma dimostra anche l'impegno dell'azienda nella loro crescita magari offrendo una formazione continua con programmi di mentoring e piani di carriera può mantenere alta la motivazione e l'engagement.

Facilitare un **equilibrio sano tra vita lavorativa e personale** è essenziale per il benessere dei dipendenti con politiche come il lavoro flessibile, il congedo parentale e la possibilità di lavorare da remoto possono contribuire a migliorare la soddisfazione e ridurre lo stress.

**Promuovere la diversità** e l'inclusione è fondamentale per creare un ambiente di lavoro positivo. Assicurarsi che ogni dipendente si senta rispettato e valorizzato, indipendentemente dalle differenze, contribuisce a un clima di lavoro sano e motivante. La leadership empatica e la **trasparenza nelle comunicazioni** aziendali aiutano a costruire fiducia e lealtà. I leader dovrebbero ascoltare le preoccupazioni dei dipendenti, essere aperti e onesti riguardo alle decisioni aziendali e supportare i dipendenti nelle loro sfide quotidiane.

# Capitolo 11: Gestione dei Conflitti

In questo capitolo esamineremo l'arte di navigare le acque turbolente dei conflitti aziendali, trasformandoli da sfide potenzialmente destabilizzanti in opportunità di crescita e rafforzamento del team.

Scoprirai come identificare e comprendere le radici dei conflitti, padroneggiare tecniche di risoluzione efficaci e applicare mediazione e negoziazione per ripristinare l'armonia e promuovere una cultura di collaborazione.

Una leadership esperta non solo affronta i conflitti con determinazione, ma li utilizza come leve per costruire relazioni più forti e resilienti.

Preparati a mettere in pratica strategie che non solo risolvono i problemi, ma trasformano le dinamiche del team, creando un ambiente di lavoro più coeso e produttivo. È il momento di dimostrare che la vera leadership si misura anche nella capacità di gestire e superare i conflitti con eleganza e strategia.

La gestione dei conflitti è una competenza fondamentale per ogni leader e manager, poiché i conflitti sono inevitabili in qualsiasi ambiente di lavoro. La capacità di identificare e risolvere i conflitti in modo efficace può influenzare significativamente la produttività e il clima aziendale. Questo capitolo esplorerà come identificare e comprendere le cause dei conflitti, le tecniche per risolverli e l'importanza della mediazione e della negoziazione nella risoluzione dei conflitti.

**Identificazione e Cause dei Conflitti**

Identificare e comprendere le cause dei conflitti è il primo passo per una gestione efficace. I conflitti possono sorgere per vari motivi e riconoscerli è essenziale per affrontarli in modo appropriato.

- **Cause Comuni dei Conflitti**

- **Difformità di Obiettivi e Interessi:** I conflitti spesso emergono quando le persone o i gruppi hanno obiettivi e interessi divergenti. Ad esempio, un conflitto può sorgere tra un dipendente e il management su questioni di priorità o risorse.

- **Problemi di Comunicazione:** Malintesi, comunicazione inefficace e mancanza di chiarezza possono portare a conflitti. La comunicazione ambigua o errata può causare fraintendimenti e tensioni tra i membri del team.

- **Differenze di Personalità:** Le differenze individuali nei valori, nelle convinzioni e negli stili di lavoro possono generare conflitti. Le personalità forti o i comportamenti dominanti possono amplificare queste differenze.

- **Risorse Limitate:** La competizione per risorse limitate come budget, tempo o personale può creare conflitti, quando le risorse non sono sufficienti a soddisfare tutte le esigenze, possono insorgere frustrazioni e rivalità.

- **Problemi di Prestazioni e Giustizia:** Le percezioni di ingiustizia nella valutazione delle prestazioni o nella distribuzione dei premi possono portare a conflitti. La mancanza di equità può minare la fiducia e causare malcontento tra i dipendenti.


- **Segnali di Conflitto**


- **Aumento delle Tensioni:** Segnali come discussioni frequenti, sarcasmo e ostilità tra i membri del team sono indicatori di conflitto.

- **Comportamenti Defensivi:** La ritrosia, l'evitamento e la resistenza al cambiamento possono essere segni che i conflitti sono in corso o stanno per emergere.

- **Diminuzione della Collaborazione:** Una riduzione della collaborazione e dell'armonia tra i membri del team può indicare la presenza di conflitti non risolti.

## Tecniche di Risoluzione dei Conflitti

Affrontare i conflitti in modo costruttivo è cruciale per mantenere un ambiente di lavoro sano e produttivo. Esistono diverse tecniche per risolvere i conflitti che possono essere applicate in base alla natura e alla gravità del conflitto.

- **Tecnica della Negoziazione**

- **Definizione di Interesse Comune:** La negoziazione è una tecnica che cerca di trovare un accordo che soddisfi gli interessi di tutte le parti coinvolte. È fondamentale identificare gli interessi comuni e le aree di accordo per raggiungere una soluzione win-win.
- **Proposta di Soluzioni:** Durante la negoziazione, è utile proporre soluzioni alternative e discutere i pro e i contro di ciascuna opzione, la flessibilità e la disponibilità a compromessi possono facilitare un accordo.
- **Comunicazione Aperta:** Una comunicazione chiara e trasparente è essenziale per una negoziazione efficace, ascoltare attivamente e chiarire i punti di vista aiuta a prevenire malintesi e a trovare soluzioni condivise.

- **Tecnica della Mediazione**

- **Ruolo del Mediatore:** La mediazione implica l'intervento di una terza parte neutrale che aiuta a facilitare la comunicazione tra le parti in conflitto, il mediatore guida il processo di risoluzione e aiuta a esplorare le opzioni di soluzione.
- **Creazione di uno Spazio Sicuro:** La mediazione offre uno spazio sicuro dove le parti possono esprimere le proprie preoccupazioni senza timore di ripercussioni. Questo ambiente incoraggia l'apertura e la cooperazione.
- **Focalizzazione sugli Interessi:** Il mediatore aiuta le parti a concentrarsi sugli interessi sottostanti piuttosto che sulle posizioni superficiali, questo approccio facilita la ricerca di soluzioni creative che possano soddisfare entrambe le parti.

- **Tecnica della Risoluzione dei Problemi:**

- **Identificazione del Problema:** Inizia con una chiara identificazione del problema alla base del conflitto. Definire il problema in modo preciso aiuta a evitare discussioni superflue e a concentrarsi sulla risoluzione.
- **Analisi delle Opzioni:** Considera diverse opzioni per risolvere il conflitto e analizza i pro e i contro di ciascuna, coinvolgere le parti nel processo di brainstorming può portare a soluzioni più accettabili e praticabili.
- **Implementazione della Soluzione:** Una volta trovata una soluzione accettabile, implementala in modo sistematico e

monitora i risultati, la valutazione continua aiuta a garantire che la soluzione sia efficace e a fare aggiustamenti se necessario.

## Mediazione e Negoziazione

La mediazione e la negoziazione sono strumenti cruciali per risolvere i conflitti in modo equo e costruttivo, entrambe le tecniche richiedono abilità specifiche e un approccio strategico.

- **Mediazione:**

- **Ruolo del Mediatore:** Un mediatore qualificato deve essere imparziale e neutrale. Il suo compito è facilitare il dialogo tra le parti in conflitto e aiutarle a raggiungere un accordo che soddisfi le esigenze di tutti.
- **Processo di Mediazione:** Il processo di mediazione generalmente include la preparazione, l'incontro iniziale con le parti, la discussione dei problemi e la ricerca di soluzioni. Il mediatore guida le discussioni e facilita il raggiungimento di un accordo.
- **Benefici della Mediazione:** La mediazione può ridurre i costi e il tempo necessari per risolvere i conflitti rispetto ai processi formali, inoltre, preserva le relazioni tra le parti e promuove un clima di cooperazione.

- **Negoziazione:**

- **Preparazione e Pianificazione:** La preparazione è fondamentale per una negoziazione efficace. Comprendere le proprie esigenze, le priorità e le posizioni delle altre parti aiuta a formulare proposte che possano essere accettabili per tutti.

- **Strategie di Negoziazione:** Utilizzare tecniche di negoziazione come la costruzione di rapporti, la concessione graduale e la creazione di soluzioni vantaggiose per entrambe le parti può facilitare un accordo. La negoziazione basata sui principi, come suggerito da Fisher e Ury nel loro libro "Getting to Yes," è un approccio efficace per risolvere i conflitti in modo collaborativo.

- **Chiusura dell'Accordo:** Una volta raggiunto un accordo, è importante documentare i termini e garantire che tutte le parti siano chiare e concordi. La formalizzazione dell'accordo aiuta a evitare fraintendimenti futuri e a garantire l'implementazione efficace della soluzione.

# Parte 3: Esempi pratici e Case Studies

# Capitolo 12: Esempi di Leadership di Successo

Benvenuto in questo capitolo della quinta sezione di questo volume, siamo quasi alla fine del nostro percorso, qui scopriremo le storie affascinanti di leader aziendali che hanno saputo trasformare sfide in trionfi, e analizzeremo come il loro approccio alla gestione possa ispirare e guidare la vostra leadership.

Come promesso esamineremo casi reali che dimostrano come una leadership visionaria affronta e supera le difficoltà. Imparerai dalle esperienze di leader che hanno plasmato le loro organizzazioni con strategie innovative, decisioni audaci e una gestione impeccabile. Attraverso l'analisi di situazioni concrete e le loro soluzioni, scoprirai le chiavi del loro successo.

La leadership è un'arte tanto quanto una scienza, e comprendere come i leader di successo hanno navigato le loro sfide e hanno ottenuto risultati straordinari può offrire preziosi insegnamenti. Questo capitolo esplora storie di leader aziendali che hanno avuto un impatto significativo, analizzando le loro strategie, le decisioni chiave e le lezioni che possiamo apprendere da loro.

Preparati a trarre ispirazione da esempi di leadership che non solo hanno raggiunto risultati straordinari, ma hanno anche definito nuovi standard di eccellenza, adesso è arrivato il momento di apprendere dai migliori e di applicare queste lezioni nella tua vita lavorativa quotidiana.

**Storie di Leader Aziendali e il Loro Approccio alla Gestione**

**Steve Jobs e la Rivoluzione di Apple**

Steve Jobs è considerato uno dei leader più influenti e visionari della storia aziendale, la sua leadership ha trasformato Apple Inc. da una società in difficoltà a una delle aziende più innovative e redditizie al mondo.

Jobs era noto per la sua capacità di prevedere le tendenze tecnologiche e di immaginare prodotti che avrebbero cambiato il mercato. La sua visione di creare dispositivi eleganti e user-friendly ha portato al lancio di prodotti iconici come l'iPod, l'iPhone e l'iPad. Jobs non si accontentava di seguire le tendenze; piuttosto, le creava.

Jobs ha investito pesantemente in ricerca e sviluppo e ha mantenuto un rigoroso controllo sui processi di design e produzione. La sua filosofia era quella di garantire che ogni prodotto fosse non solo funzionale ma anche esteticamente piacevole, questo focus sull'innovazione e sulla qualità ha contribuito a costruire la reputazione di Apple come leader nel design e nella tecnologia.

Jobs era noto per il suo stile di leadership intenso e talvolta autoritario, tuttavia, la sua passione e il suo impegno per l'eccellenza hanno creato una cultura di innovazione e di elevati standard aziendali. La sua capacità di ispirare il team e di spingerlo a superare i limiti è stata una delle chiavi del successo di Apple.

**Indra Nooyi e la Trasformazione di PepsiCo**

Indra Nooyi, ex CEO di PepsiCo, ha guidato l'azienda attraverso un'importante trasformazione strategica e culturale, con un focus particolare sulla sostenibilità e sull'innovazione.

Nooyi ha lanciato l'iniziativa "Performance with Purpose," che mirava a combinare la crescita economica con la responsabilità sociale e ambientale, questo approccio ha portato a un miglioramento significativo nella sostenibilità dei prodotti e nelle pratiche aziendali di PepsiCo.

Nooyi ha enfatizzato l'importanza di un ambiente di lavoro inclusivo e ha investito nel miglioramento delle opportunità di crescita per i dipendenti. La sua leadership si è concentrata sulla promozione della diversità e sull'inclusione, creando una cultura aziendale orientata al benessere e alla crescita delle persone.

Durante la sua leadership, Nooyi ha affrontato diverse sfide globali e cambiamenti di mercato, la sua capacità di adattarsi e di rispondere a queste sfide con strategie innovative ha contribuito a mantenere PepsiCo competitiva e resiliente.

## Howard Schultz e il Rinascimento di Starbucks

Howard Schultz ha avuto un impatto notevole su Starbucks, trasformando l'azienda da una catena di caffè regionale a un marchio globale di successo.

Schultz ha introdotto il concetto di "terzo luogo," un ambiente accogliente e stimolante che si colloca tra casa e lavoro, questo approccio ha contribuito a rendere i caffè Starbucks spazi sociali e culturali, creando un'esperienza unica per i clienti.

Schultz ha implementato benefici come l'assicurazione sanitaria per i lavoratori part-time e opportunità di crescita professionale, dimostrando un impegno verso il benessere dei dipendenti, questa attenzione ha aiutato a creare una cultura aziendale positiva e a fidelizzare i dipendenti e i clienti.

Durante la crisi economica del 2008, Schultz ha guidato Starbucks attraverso una serie di misure strategiche per affrontare la diminuzione delle vendite e la crescente pressione competitiva. La sua decisione di chiudere temporaneamente negozi e di ristrutturare le operazioni ha aiutato a migliorare la qualità del prodotto e l'esperienza del cliente.

# Analisi di Situazioni Reali e Come Sono State Affrontate

## Apple e il Ritorno di Steve Jobs

Quando Steve Jobs tornò in Apple nel 1997, l'azienda era in difficoltà finanziarie e strategiche. Jobs affrontò la situazione con decisioni decisive e un approccio innovativo.

**Ristrutturazione e Semplificazione:** Jobs iniziò con una ristrutturazione dell'azienda, semplificando il portafoglio prodotti e focalizzandosi su alcuni prodotti chiave. Questa semplificazione ha permesso a Apple di concentrare le risorse e di migliorare la qualità e l'innovazione.

**Focus su Design e User Experience:** La creazione dell'iMac e di altri prodotti innovativi ha dimostrato l'impegno di Jobs per l'eccellenza del design e per una user experience superiore. Questo focus ha aiutato Apple a differenziarsi dai concorrenti e a conquistare una base di clienti fedele.

**Rafforzamento della Cultura Aziendale:** Jobs ha reinvestito nella cultura aziendale, promuovendo un ambiente di lavoro che valorizzava l'innovazione e la creatività. La sua leadership ha ispirato il team a pensare fuori dagli schemi e a superare le aspettative.

## PepsiCo e l'Iniziativa "Performance with Purpose"

Durante il suo mandato, Indra Nooyi ha guidato PepsiCo attraverso un'importante ristrutturazione strategica, con un forte focus sulla sostenibilità e sulla responsabilità sociale.

**Implementazione della Strategia:** Nooyi ha integrato obiettivi ambientali e sociali nei processi aziendali, portando a un miglioramento nella sostenibilità dei prodotti e nelle pratiche aziendali, questo approccio ha aiutato PepsiCo a migliorare la sua reputazione e a rispondere alle crescenti aspettative dei consumatori e degli investitori.

**Gestione delle Relazioni con gli Stakeholder:** Nooyi ha lavorato per migliorare le relazioni con gli stakeholder, inclusi clienti, dipendenti e investitori. La sua capacità di comunicare chiaramente gli obiettivi e i risultati dell'iniziativa ha contribuito a rafforzare la fiducia e il supporto verso l'azienda.

## Starbucks e la Risposta alla Crisi del 2008

Durante la crisi economica del 2008, Starbucks ha affrontato una significativa diminuzione delle vendite e una crescente pressione competitiva.

**Strategie di Ristrutturazione:** Schultz ha implementato una serie di misure per affrontare la crisi, inclusa la chiusura temporanea di negozi e una ristrutturazione operativa, queste misure hanno permesso a Starbucks di concentrare le risorse e di migliorare l'efficienza operativa.

**Rafforzamento del Brand:** Schultz ha lavorato per rafforzare il brand di Starbucks, focalizzandosi sulla qualità del prodotto e sull'esperienza del cliente. Investire nella formazione dei dipendenti e migliorare l'atmosfera dei negozi ha contribuito a mantenere la fedeltà dei clienti e a promuovere una cultura aziendale positiva.

# BONUS 1: Esercizi e Workshop

Eccoci alla fine del nostro percorso, in questa sezione ci immergeremo in attività pratiche e workshop dinamici progettati per affinare le vostre capacità di leadership e perfezionare la gestione delle risorse umane.

Qui avrai l'opportunità di mettere in pratica le teorie e le strategie apprese attraverso esercizi mirati e simulazioni realistiche. Questi strumenti non solo testeranno le vostre competenze, ma vi offriranno anche l'occasione di sperimentare e affinare le vostre tecniche in un ambiente controllato ma coinvolgente.

È il momento di applicare le conoscenze acquisite, sperimentare nuove strategie e affinare le vostre abilità con l'energia e la dedizione che caratterizzano i veri leader.

Il passaggio dalla teoria alla pratica è fondamentale per sviluppare e affinare le competenze di leadership e gestione delle risorse umane, questo capitolo è dedicato a fornire strumenti e attività pratiche che ti aiuteranno a mettere in pratica le conoscenze acquisite e a migliorare le tue abilità in contesti reali. Gli esercizi e i workshop proposti sono progettati per stimolare la riflessione, migliorare le competenze e applicare le tecniche apprese in scenari concreti.

# Attività Pratiche per Sviluppare Capacità di Leadership

Le seguenti attività sono pensate per aiutarti a sviluppare e rafforzare le tue capacità di leadership. Ogni esercizio mira a migliorare aspetti specifici della leadership, come la comunicazione, la presa di decisioni e la motivazione del team.

**Esercizio di Visione Strategica: Obiettivo:** Sviluppare e comunicare una visione chiara per un progetto o un team. **Attività:** Chiedi ai partecipanti di immaginare che stiano lanciando un nuovo progetto all'interno della loro organizzazione. Devono redigere una dichiarazione di visione che descriva gli obiettivi a lungo termine, le opportunità e i benefici del progetto. Successivamente, i partecipanti presenteranno la loro visione al gruppo e riceveranno feedback sugli aspetti di chiarezza, ispirazione e praticità.

**Esercizio di Comunicazione Efficace: Obiettivo:** Migliorare le competenze di comunicazione e ascolto attivo. **Attività:** Organizza un esercizio di role-playing in cui i partecipanti devono gestire una discussione difficile con un membro del team. Ogni partecipante avrà il compito di ascoltare attivamente e rispondere in modo costruttivo. Dopo l'attività, discuti le tecniche di comunicazione utilizzate e fornisci suggerimenti su come migliorare l'ascolto e la gestione delle conversazioni difficili.

**Esercizio di Leadership Situazionale: Obiettivo:** Applicare stili di leadership differenti in base alle situazioni. **Attività:** Proponi ai partecipanti diversi scenari di gestione e chiedi loro di adottare vari stili di leadership (ad esempio, direttivo, partecipativo, delegante) a seconda delle circostanze descritte. I partecipanti devono spiegare le loro scelte e riflettere su come il loro stile di leadership influisce sulle dinamiche del team e sui risultati.

## Workshop di Simulazione per la Gestione delle Risorse Umane

I workshop di simulazione offrono l'opportunità di applicare le competenze di gestione delle risorse umane in situazioni simulate, permettendo ai partecipanti di fare esperienza in un ambiente controllato e di apprendere dai risultati delle loro azioni.

**Workshop di Reclutamento e Selezione: Obiettivo:** Sperimentare il processo di reclutamento e selezione dei candidati. **Attività:** Organizza una simulazione in cui i partecipanti devono gestire un'intera campagna di reclutamento, dalla redazione dell'annuncio di lavoro alla conduzione dei colloqui. Dividi i partecipanti in gruppi e assegna a ciascun gruppo un ruolo diverso (ad esempio, reclutatore, candidato, manager). Ogni gruppo deve completare le attività assegnate e poi confrontare i risultati con quelli degli altri gruppi per valutare l'efficacia dei diversi approcci.

**Workshop di Gestione dei Conflitti: Obiettivo:** Applicare tecniche di risoluzione dei conflitti in situazioni simulate. **Attività:** Prepara una serie di scenari di conflitto che potrebbero verificarsi in un ambiente di lavoro. I partecipanti devono lavorare in coppie o gruppi per negoziare e risolvere i conflitti utilizzando le tecniche di mediazione e negoziazione apprese. Dopo ogni simulazione, conduci una discussione di gruppo per analizzare le strategie utilizzate e i risultati ottenuti.

**Workshop di Pianificazione e Definizione degli Obiettivi:** **Obiettivo:** Sviluppare competenze nella definizione e gestione degli obiettivi. **Attività:** Chiedi ai partecipanti di lavorare su un caso studio in cui devono definire obiettivi a breve, medio e lungo termine per un progetto o un team. Ogni gruppo deve creare un piano dettagliato che includa obiettivi SMART, strategie per raggiungerli e metodi di monitoraggio e valutazione. I gruppi presenteranno i loro piani e riceveranno feedback sugli aspetti di chiarezza, realismo e allineamento con la visione strategica.

**Workshop di Onboarding e Integrazione dei Nuovi Assunti:** **Obiettivo:** Progettare e implementare un programma di onboarding efficace. **Attività:** I partecipanti devono sviluppare un programma di onboarding per nuovi assunti, comprendente attività, materiali e strategie per facilitare l'integrazione dei nuovi dipendenti. I programmi sviluppati verranno presentati e discussi in gruppo, con un focus su come migliorare l'esperienza di onboarding e favorire una rapida integrazione nel team.

# BONUS 2: E-Book per Massimizzare la tua Presenza e le Vendite

Ecco un altro bonus in regalo per te! Se desideri migliorare la tua presenza online e aumentare le vendite per il tuo business o la tua attività, il nostro eBook gratuito **"Come Massimizzare la tua Presenza e le Vendite Online"** è lo strumento perfetto per te.

Questo eBook è una risorsa efficace e aggiuntiva per chiunque voglia costruire o migliorare la propria presenza online e convertire il traffico in vendite reali.

COME MASSIMIZZARE
LA TUA PRESENZA
E LE VENDITE
ONLINE
LA GUIDA PER CONSULENTI, PROFESSIONISTI E IMPRENDITORI: STRATEGIE E TECNICHE PER SCALARE LE VENDITE CON UN MARKETING DIGITALE DI SUCCESSO

# Riflessioni Finali

Dopo aver concluso il nostro viaggio attraverso "Leadership e Gestione delle risorse umane" ci prenderemo un momento per riepilogare i concetti chiave che hanno definito il nostro percorso e rifletteremo sull'importanza della crescita continua come leader.

Ogni grande leader sa che il percorso verso l'eccellenza non finisce mai; è un viaggio di apprendimento e evoluzione costante. Questo capitolo è dedicato a sottolineare le lezioni apprese, a riaffermare l'importanza della crescita personale e a incoraggiarvi a mettere in pratica ciò che avete appreso.

## Riepilogo dei Concetti Chiave

Durante il percorso di questo libro, abbiamo esplorato vari aspetti della leadership e della gestione delle risorse umane, ognuno essenziale per costruire e mantenere un'organizzazione di successo, ecco una sintesi dei punti principali trattati:

- **Selezione del Personale:** La pianificazione strategica del reclutamento è cruciale per attrarre e selezionare i migliori talenti. Abbiamo discusso come identificare le esigenze aziendali, definire il profilo ideale dei candidati e utilizzare metodi di selezione efficaci, dai canali di recruiting agli strumenti di valutazione delle competenze.

- **Definizione degli Obiettivi:** La capacità di impostare obiettivi chiari e misurabili è fondamentale per guidare il team verso il successo. Abbiamo esaminato come definire obiettivi a breve, medio e lungo termine utilizzando il modello SMART e l'importanza di allineare gli obiettivi individuali con quelli aziendali.

- **Coerenza nella Leadership:** La coerenza tra ciò che un leader dice e fa è essenziale per costruire fiducia e credibilità. Abbiamo esplorato come la coerenza influisce sulla motivazione e sull'efficacia del team, sottolineando l'importanza di mantenere una comunicazione trasparente e coerente.

- **Strumenti e Tecniche di Gestione:** Abbiamo trattato l'importanza di utilizzare strumenti tecnologici e metriche HR per ottimizzare la gestione delle risorse umane. I software HR e gli indicatori di performance sono strumenti cruciali per monitorare e migliorare le pratiche di gestione.

- **Gestione dei Conflitti e Motivazione:** Le tecniche di risoluzione dei conflitti e le strategie di motivazione sono fondamentali per mantenere un ambiente di lavoro armonioso, abbiamo discusso come applicare incentivi economici e non economici e creare un ambiente positivo per il coinvolgimento e la soddisfazione dei dipendenti.

- **Applicazione Pratica:** Esercizi e workshop pratici sono stati proposti per aiutarti a mettere in pratica le competenze apprese e a sviluppare ulteriormente le tue capacità di leadership e gestione delle risorse umane.

## L'Importanza della Crescita Continua come Leader

Il mondo degli affari e delle risorse umane è in continua evoluzione, e i leader devono essere pronti a crescere e adattarsi dunque la crescita continua è fondamentale per rimanere efficaci e rilevanti nel proprio ruolo. Ecco perché è essenziale investire nel proprio sviluppo:

**Aggiornamento e Apprendimento:** Il miglioramento costante richiede un impegno a rimanere aggiornati sulle ultime tendenze, teorie e best practices nel campo della leadership e della gestione delle risorse umane. Partecipare a corsi di formazione, leggere libri e articoli e seguire seminari può aiutarti a mantenere le tue competenze fresche e pertinenti.

**Feedback e Auto-Riflessione:** La ricerca e l'accettazione di feedback da parte di colleghi, mentori e membri del team sono strumenti preziosi per il miglioramento personale. Riflettere sulle proprie esperienze e sui feedback ricevuti ti aiuta a identificare aree di miglioramento e a sviluppare strategie per affrontare le sfide future.

**Adattamento e Innovazione:** La capacità di adattarsi ai cambiamenti e di innovare è cruciale per guidare con successo un team e affrontare le sfide emergenti. Essere aperti a nuove idee e approcci ti permetterà di trovare soluzioni creative e di guidare il cambiamento all'interno della tua organizzazione.

# Conclusione

Congratulazioni, siamo giunti alla fine di questo viaggio attraverso le pagine del manuale "Leadership e Gestione delle Risorse Umane," e non c'è modo migliore per chiudere se non riflettendo su quanto abbiamo esplorato insieme.

Innanzitutto ci teniamo a ringraziarti per aver scelto la nostra guida, ci auguriamo che ti sia davvero utile nell'applicazione pratica lavorativa di tutti i giorni.

Abbiamo approfondito ogni aspetto cruciale della leadership, dalla selezione strategica dei talenti alla definizione di obiettivi a lungo termine, fino alla gestione dei conflitti e all'applicazione pratica delle vostre competenze, ogni capitolo ha fornito strumenti e intuizioni per affinare la vostra pratica e per trasformare la teoria in risultati concreti.

Ora, è il momento di mettere in azione tutto ciò che hai appreso. La vera leadership non si misura solo con le idee brillanti, ma con la capacità di implementarle e di ispirare gli altri a fare lo stesso. Ogni sfida che affronterete sarà un'opportunità per dimostrare la vostra maestria, ogni decisione un passo verso un futuro più luminoso.

La leadership e la gestione delle risorse umane sono discipline che richiedono dedizione, riflessione e continua crescita. Abbiamo esplorato le teorie, le tecniche e le pratiche migliori per diventare leader efficaci e gestori delle risorse umane competenti. Tuttavia, il vero cambiamento e il miglioramento avvengono quando metti in pratica ciò che hai appreso e continui a cercare opportunità di crescita.

Il percorso verso l'eccellenza nella leadership è un viaggio continuo, abbraccia la sfida, sii curioso e impegnato nel tuo sviluppo personale e professionale. Con il giusto approccio, puoi diventare un leader che non solo raggiunge risultati eccellenti, ma che ispira e guida il proprio team verso il successo condiviso.

Grazie per aver condiviso questo percorso con noi, il tuo impegno e la tua dedizione ti porteranno a conquistare nuove vette.

Ti auguro tutto il meglio nel tuo percorso di crescita e nel tuo viaggio di leadership, il futuro è pieno di opportunità e sfide, e con le competenze e la mentalità giuste, puoi affrontarle con fiducia e successo.

IMPRENDIX EDITIONS